Introducción

Estaba completamente bien. Estaba ocupándose de sus asuntos o paseando, y entonces alguien invadió su espacio. Era un compañero de trabajo, un amigo, un familiar o incluso un completo desconocido.

Entró, intercambió unas palabras con usted y se fue tan bruscamente como llegó. Después de que se fue, usted ya no era el mismo.

Tal vez estaba feliz, en paz, o incluso se sentía como en un día normal, simplemente normal. Lo único que sabe es que se sentía bien, pero el encuentro con esta persona lo agobió por completo.

Cuando se quedó solo de nuevo, se sentía ansioso, estresado, enfadado, triste o cualquier otra emoción negativa. No sabe por qué, cómo o cuándo se puso así, y lo intenta, lo intenta con todas sus fuerzas, pero parece que no puede deshacerse de ese sentimiento.

Si intenta concentrarse y recordar, le sorprenderá darse cuenta de que esa persona entró en su espacio de mal humor, pero se fue sintiéndose mejor. Entonces, ¿por qué es usted quien sigue luchando?

Si alguna vez se ha sentido agotado después de hablar, interactuar o incluso observar a alguien, entonces ya ha sentido lo que es enfrentarse con un vampiro psíquico.

Los vampiros psíquicos son personas que afectan negativamente las emociones de otros, ya sea de forma intencionada o no. Su mera presencia es suficiente para afectar a cualquier persona normal, así que imagine lo malo que es si invaden el espacio personal de un empático o de una persona altamente sensible.

El empático es un alma cariñosa, bondadosa y atenta, y la persona altamente sensible (HSP) es un espíritu extremadamente perceptivo, hiperconsciente y amable. El encuentro será, como mínimo, tóxico.

Por eso hemos decidido presentarle este libro. Aquí encontrará todo lo que necesitas saber para identificar y tratar con vampiros psíquicos.

Sabrá si usted es una persona empática o altamente sensible, y conocerá las sutiles diferencias entre ambos tipos de personalidad. Sabrá todo sobre cómo funcionan las auras y la energía, y luego aprenderá a protegerse de los vampiros psíquicos, a recargarse y a mantener un aura prístina y vibrante.

Probablemente, en el mercado encontrará un sinfín de libros sobre el mismo tema, pero hay una razón por la que este libro está hecho para usted.

Este libro ha sido escrito en el lenguaje más sencillo. No tendrá que lidiar con ninguna jerga específica ni con frases complicadas. Es un lugar ideal para que los principiantes se entiendan a sí mismos y aprendan a cuidar su energía.

Al final de este libro tendrá todo lo que necesita para detectar a un vampiro psíquico y evitar que manche su energía. Recibirá instrucciones prácticas, guías paso a paso y técnicas científicamente comprobadas para preservar su paz interior.

Para terminar su viaje a través de este libro con broche de oro, le daremos un desafío de treinta días para proteger su energía. Se levantará cada día y repetirá afirmaciones de poder, luego marcará ejercicios y otras prácticas de bienestar en la tabla que aprenderá a crear.

Lo que lo abrumaba antes ya no podrá afectarle tan radicalmente.

Ahora, es el momento de crear una versión más saludable, más pacífica y más vibrante de usted mismo.

Capítulo 1: ¿Es usted una persona empática o altamente sensible?

Los empáticos y las personas altamente sensibles son el refugio de los demás cuando se sienten mal o necesitan apoyo emocional. A pesar de ello, a menudo son malinterpretados y juzgados, especialmente en entornos altamente competitivos, como el lugar de trabajo.

Las personas altamente sensibles son muy perceptivas.
https://unsplash.com/photos/0Pf7fKRtDPI

Si le han dicho a menudo que es «demasiado sensible» o «demasiado emocional», hay muchas posibilidades de que usted sea una persona empática o altamente sensible.

Entonces, ¿qué significa ser una u otra? ¿Hay alguna diferencia entre los empáticos y las personas altamente sensibles? ¿Cómo puede saber si es uno de ellos? En este capítulo encontrará las respuestas a todas estas preguntas.

¿Quién es un empático?

Siempre que se habla de empáticos o de personas altamente sensibles, es fácil recordar la famosa cita de Dolly Parton: «Si ve a alguien sin una sonrisa, dele la suya».

Esta cita describe perfectamente a los empáticos. Los empáticos van por ahí con el corazón en la mano. Sienten que su único propósito en la vida es mejorar la vida de los demás, por lo que se encargan de resolver los problemas de otros. Esta necesidad de ayudar a los demás surge de su capacidad sobrehumana de sintonizar con las emociones de otras personas.

Su capacidad va más allá de la definición de empatía, que es la capacidad de comprender los sentimientos de los demás. No solo leen los sentimientos de los demás como si fueran libros abiertos, sino que también absorben esas emociones como si fueran propias.

Cuando los empáticos ven a personas tristes, se sienten tristes. Cuando se encuentran con personas enfadadas, frustradas, deprimidas o infelices, sienten lo mismo.

Tras años de investigación, la ciencia ha confirmado la presencia de lo que ahora se denomina «neuronas espejo» dentro del cerebro de los empáticos. Su empatía les permite ver a través de los estados emocionales de otras personas, y sus neuronas espejo les permiten reflejar los estados que presencian.

En resumen, los empáticos son personas muy sensibles a los estados emocionales de quienes les rodean. Si este es el caso de los empáticos, ¿qué pasa con las personas altamente sensibles? ¿Es solo un título elegante para los empáticos? No exactamente.

Vampiros psíquicos

La guía de defensa personal psíquica para empáticos y personas altamente sensibles que desean protegerse de los ataques energéticos

Su regalo gratuito

¡Gracias por descargar este libro! Si desea aprender más acerca de varios temas de espiritualidad, entonces únase a la comunidad de Mari Silva y obtenga el MP3 de meditación guiada para despertar su tercer ojo. Este MP3 de meditación guiada está diseñado para abrir y fortalecer el tercer ojo para que pueda experimentar un estado superior de conciencia.

https://livetolearn.lpages.co/mari-silva-third-eye-meditation-mp3-spanish/

Tabla de contenidos

INTRODUCCIÓN 1

CAPÍTULO 1: ¿ES USTED UNA PERSONA EMPÁTICA O
ALTAMENTE SENSIBLE?..3

CAPÍTULO 2: LAS LUCHAS DE LA ALTA SENSIBILIDAD 16

CAPÍTULO 3: AURAS Y ENERGÍAS 26

CAPÍTULO 4: CÓMO IDENTIFICAR LAS ENERGÍAS TÓXICAS 35

CAPÍTULO 5: ¿QUÉ SON LOS VAMPIROS PSÍQUICOS? 46

CAPÍTULO 6: AUTODEFENSA PSÍQUICA...56

CAPÍTULO 7: AUTOCUIDADO Y ESTABLECIMIENTO DE
LÍMITES..65

CAPÍTULO 8: CAJA DE HERRAMIENTAS PARA PROTEGER SU
ENERGÍA 76

CAPÍTULO 9: RESTAURAR Y ALIMENTAR SUS DONES....................88

CAPÍTULO 10: RETO DE 30 DÍAS PARA PROTEGER SU ENERGÍA ...98

CONCLUSIÓN 111

VEA MÁS LIBROS ESCRITOS POR MARI SILVA 113

SU REGALO GRATUITO 114

REFERENCIAS 115

¿Quién es una persona altamente sensible?

Al igual que los empáticos, las personas altamente sensibles (HSP) son más sensibles que las personas normales. Sin embargo, la forma en que funciona su sensibilidad es fundamentalmente diferente a la de un empático.

Mientras que los empáticos sienten profundamente a los demás y reflejan sus emociones, las HSP tienen un sistema nervioso central reforzado que es extremadamente sensible a los estímulos externos. Resuenan con su entorno, y no necesariamente es por el trato con otras personas.

Su sistema nervioso central se estimula muy fuertemente con todo tipo de contactos: ambientales, físicos, emocionales y sociales. Este fenómeno se describe científicamente como sensibilidad de procesamiento sensorial o SPS.

Las HSP suelen ser despreciadas en la sociedad por reaccionar «exageradamente» o ser «demasiado sensibles». Sin embargo, su naturaleza altamente sensible les da una ventaja incomparable sobre los demás.

Según la Dra. Elaine Aron y sus colegas, que han pasado años investigando a las HSP, ellas representan alrededor del 20 % de la población. Esta investigación resumió las características de las HSP en cuatro aspectos clave, denotados en el acrónimo DOES, por sus siglas en inglés.

DOES se refiere a lo siguiente:

- **Profundidad de procesamiento**

Pueden escudriñar su entorno y procesar la información que perciben a una velocidad impresionante. Es un poco contradictorio que tarden tanto para responder a los estímulos, pero eso es solo porque les toma mucho tiempo analizar su entorno y probar las consecuencias de cada acción posible antes de moverse.

- **Sobreestimulación**

Con su gran capacidad para percibir y procesar información, es lógico que se sientan fácilmente sobreestimulados por la cantidad de datos que absorben. Sus sentidos del sonido, del tacto, del olfato, de la visión y del gusto son mucho más elevados que los de una persona normal, hasta el punto de que una rutina diaria puede resultarles excesivamente estimulante.

- **Reactividad emocional o empatía**

La «E» de DOES (proveniente de *Emotional Reactivity*) se refiere a la reactividad emocional, que les hace reaccionar fuertemente ante cualquier estímulo, o a la empatía, que les hace sentir las emociones de los demás.

- **Sensación de lo sutil**

Las HSP son similares a los sensores afinados. Pueden reconocer acciones sutiles, como el lenguaje corporal de una persona, y comprender su estado emocional analizando esas señales casi imperceptibles.

Empáticos frente a personas altamente sensibles

Muchas veces, las HSP se confunden con los empáticos. Aunque ambos rasgos de personalidad son muy parecidos, no son lo mismo. Hay tantas similitudes como diferencias entre ambos.

Echemos un vistazo a las similitudes y diferencias entre los empáticos y las HSP:

- **Similitudes**

Tanto los empáticos como las HSP tienen una naturaleza altamente sensible. Ambos se estimulan fácilmente, necesitan tiempo a solas para recargarse y se sienten fácilmente abrumados por las multitudes. Ambos disfrutan perdiéndose en la naturaleza, tienen un mundo interior rico y prefieren la paz y la tranquilidad al caos y el ruido. Aunque sea en menor medida, las HSP también disfrutan dando una mano a los demás siempre que pueden.

- **Diferencias**

La mayoría de las HSP son introvertidas por naturaleza, pero los empáticos pueden ser introvertidos o extrovertidos. Por eso, las HSP suelen necesitar más tiempo de inactividad para recuperarse de las secuelas de la socialización o la sobreestimulación.

Por su parte, los empáticos llevan la elevada sensibilidad de las HSP a un nivel superior, como demuestra su capacidad para «reflejar» los sentimientos de los demás. Esta capacidad de reflejo puede ser demasiado fuerte, hasta el punto de que empiezan a mostrar los mismos síntomas físicos que notan en los demás. Por ejemplo, pueden sonrojarse cuando ven a alguien sonrojarse o experimentar dolores de estómago cuando alguien siente náuseas delante de ellos. Eso no es algo que experimenten las HSP.

Otro rasgo diferenciador es que los empáticos confunden las emociones de los demás con las suyas propias. A menudo son incapaces de discernir sus propias emociones de las de otros, por lo que suelen teñirse con los colores de sus compañeros. Por eso pueden comportarse de forma diferente según la persona con la que estén.

Por último, la mayoría de los empáticos son fuertemente espirituales, pero ese no es necesariamente el caso de las HSP.

Si tenemos en cuenta todos sus rasgos, los empáticos suelen ser personas muy sensibles, y no al revés. Esto puede explicarse por el espectro de la empatía, que tiene el siguiente orden:

Personalidades deficientes en empatía → Personas comunes → HSPs → Empáticos

Si los empáticos se sitúan en el extremo derecho del espectro, los narcisistas (y quienes padecen trastornos antisociales de la personalidad) se sitúan en el extremo izquierdo. Las personas comunes se sitúan en el medio, y las HSP tienen más empatía que las personas normales, pero menos que los empáticos.

Los retos de vivir con alta sensibilidad

Tanto si usted es un empático como una HSP, vivir con alta sensibilidad puede ser un gran reto. En el próximo capítulo, profundizaremos en los desafíos a los que se enfrenta cualquier persona altamente sensible, pero echaremos un vistazo previo aquí.

Vivir con alta sensibilidad plantea un sinfín de desafíos, entre los que se incluyen los siguientes:

1. Sentirse fácilmente estimulado por su entorno, por otras personas o por la vida cotidiana en general.
2. Agotarse emocional y físicamente con rapidez.
3. Sentirse estresado en lugares con mucha gente.

4. Sentir a menudo que nadie le entiende o que no encaja.

5. Sentir la necesidad de aislarse para hacer frente a la sobrecarga emocional o sensorial.

6. Tener problemas para establecer límites o decir «no».

7. Sentir miedo a la intimidad y a las relaciones románticas.

8. Ser fácilmente influenciable por las emociones de los demás.

9. Luchar contra la ansiedad o la depresión.

10. Tratar de evitar los conflictos.

11. Ser un autocrítico severo.

Los rasgos de los empáticos y las personas altamente sensibles

Tanto si es un empático como una persona altamente sensible, tendrá las siguientes características:

1. Tiene mucha empatía

Esto no hace falta decirlo, pero es alguien que siente profundamente las emociones de los demás. Como HSP, puede reconocer instantáneamente cómo se sienten los demás, lo que le hace entender sus pensamientos, hasta cierto punto. Esta característica es más aguda si es un empático, ya que refleja los sentimientos y estados emocionales de los otros.

2. Su intuición suele ser correcta

Tanto los empáticos como las HSP tienen una intuición asombrosa, que en la mayoría de los casos resulta ser cierta. Si es uno de los dos, a menudo tendrá una sensación visceral de que algo no está bien, tanto si puede encontrar la raíz de ella como si no. Esta sensación visceral le ayuda a reconocer cuando alguien está siendo deshonesto o a saber cuando algo tendrá consecuencias negativas.

3. Le encanta perderse en la naturaleza

A mucha gente le encanta tomarse un descanso de su agitada vida para disfrutar de la serenidad de la naturaleza, pero los empáticos y las HSP se sienten en sintonía con la naturaleza siempre que se tropiezan con ella. Mientras que otros pasan por alto la belleza de la naturaleza durante los momentos de estrés, el mero hecho de pasar junto a las plantas o escuchar el canto de los pájaros puede ser suficiente para rejuvenecer a los empáticos y HSP.

4. No puede dejar de preocuparse

Aunque esto es más evidente en los empáticos, ambas personalidades tienen problemas para ocultar su naturaleza bondadosa. Siempre que un empático o una HSP se encuentra con alguien en apuros, se siente responsable de aliviar su dolor. La diferencia es que mientras las HSP pueden mantener su sentido del yo en estas situaciones, los empáticos suelen absorber esos sentimientos de angustia y hacerlos suyos. Los empáticos también se sienten profundamente preocupados y decepcionados cada vez que no pueden brindar ayuda.

5. La gente tiende a confiarle sus problemas

Gracias a su naturaleza empática, es un excelente oyente y apoyo. Esta es una de las principales razones por las que la gente le confía sus problemas, incluso si saben que no puede darles una solución. El mero hecho de hablar con usted les hace sentir mejor.

6. Está altamente sintonizado con el entorno

Aunque la mayoría de los empáticos solo son altamente sensibles a las emociones de los demás, algunos comparten la alta sensibilidad de las HSP hacia su entorno. Estos empáticos, como todas las HSP, se sienten fácilmente sensibilizados por las fragancias, los sonidos, los estímulos físicos y el gusto. Todos estos estímulos pueden incluso desencadenar desequilibrios emocionales. Después de una fuerte estimulación, necesitan un tiempo a solas en un entorno tranquilo para recargarse.

7. Su forma de ver el mundo es única

Los empáticos y las HSP ven el mundo de forma diferente a quienes les rodean. Su capacidad de sentir más allá de lo que hacen los demás amplía su experiencia, enriqueciendo su entorno interior. La mayoría de los artistas, músicos y creativos son empáticos o HSP.

Empáticos y HSP famosos

A lo largo de la historia han existido muchos grandes empáticos y HSP. Al igual que sus polos opuestos -los narcisistas, maquiavélicos y psicópatas-, los empáticos y las HSP han dejado una huella única en la humanidad. Sin embargo, a diferencia de sus contrarios, su legado brilla con fuerza.

Aquí hay algunos ejemplos de empáticos y HSP famosos:

1. Nelson Mandela

Nelson Mandela es una prominente figura histórica conocida por sacrificarse por el bien común. Su fuerte intuición le dio la fuerza para luchar por lo que creía que era correcto, y sacrificó años de su vida para lograr la libertad que anhelaba.

2. Oprah Winfrey

No hay casi nadie que no ame a Oprah. Su popularidad ha crecido gracias a su forma de utilizar habilidades empáticas para beneficiar a los demás. Siempre ha sido una figura maternal que brilla con un aura de cuidado. Si a eso le sumamos su capacidad para entender a la gente, no es de extrañar que todo el mundo confíe y le abra su corazón.

3. La Madre Teresa

Hay muy pocos empáticos que puedan lograr lo que hizo la Madre Teresa. Aunque pasó su vida cuidando a los enfermos y necesitados, mantuvo su estabilidad a lo largo de su trayectoria.

Tal vez sus creencias como cristiana devota la protegieron del agotamiento. Cuanto más daba a los demás, más recargaba su espiritualidad, y sentirse cerca de Dios le daba lo que necesitaba para mantener su energía empática.

4. Mahatma Gandhi

Mahatma Gandhi fue el pacifista por excelencia. Sacrificó años de su vida luchando por lo que creía, al igual que Mandela. También juró vivir una vida de castidad y pobreza, al igual que la Madre Teresa.

Su naturaleza empática le hizo vulnerable al sufrimiento de los demás, pero no cerró su corazón ni sufrió por la sobreestimulación. En cambio, aprendió a mantener el equilibrio entre sentir el dolor causado por las emociones negativas y calmar el alma para aceptar el sufrimiento. Como resultado, su impacto en el pueblo indio no fue menor que el de la Madre Teresa.

5. Nicole Kidman

Nicole Kidman se describió a sí misma como una persona altamente sensible, y es el ejemplo perfecto de cómo una HSP puede aprovechar sus habilidades para tener una carrera exitosa y satisfactoria. Al fin y al cabo, la actuación consiste en representar perfectamente las emociones de los personajes.

Kidman se mantuvo fiel a su naturaleza empática realizando trabajos filantrópicos y de caridad en su vida personal. Se convirtió en embajadora de la UNICEF y posteriormente fue reconocida como «Ciudadana del Mundo» por la ONU.

6. George Orwell

No se puede imaginar a George Orwell como una persona empática, aunque su naturaleza está filtrada en su obra. A su manera, Orwell luchó todo lo posible contra el colonialismo.

Incluso hubo un momento en que sintió la necesidad de llevar su empatía a un nivel que pocos podían alcanzar. Quería entender la miseria de la gente en un nivel más profundo, así que se disfrazó de mendigo en las calles de Londres y vivió allí durante un tiempo.

7. Dolly Parton

Puede ser difícil imaginar a alguien tan extrovertido y vibrante como Dolly Parton como un ser empático, y mucho menos como una HSP. Sin embargo, es un verdadero ejemplo de cómo las HSP tienen un entorno interior asombrosamente rico al que otros raramente llegan.

A lo largo de su carrera como compositora, Dolly tuvo el corazón abierto y se mantuvo fiel a sí misma. Es difícil de imaginar desde el punto de vista de un espectador, pero cualquier HSP puede sentir lo notable que es ese hecho.

En su último libro, *Dolly Parton, Songteller: My Life in Lyrics*, escribió: «Como compositora y como persona, tengo que ser suficientemente abierta. Sufro mucho porque soy muy abierta. Me duele mucho, y cuando me duele, me duele todo porque no puedo endurecer mi corazón y protegerme. Siempre digo que entreno los músculos alrededor de mi corazón, pero no puedo endurecerlos».

Póngase a prueba: ¿Es usted un empático o una HSP?

Basándose en lo que ha leído en este capítulo, es posible que sienta firmemente que es una HSP o un empático. Aquí tiene un cuestionario que le ayudará a identificar mejor su personalidad.

Prueba de empatía

Marque todas las afirmaciones que considere verdaderas.

1. A menudo le dicen que es tímido, demasiado sensible o introvertido.
2. Con frecuencia se siente ansioso o abrumado.
3. Discutir con otros, o escuchar a otros discutir, lo hace sentir mal.
4. A menudo siente que no pertenece.
5. Le agobian los lugares concurridos.
6. El ruido, los olores fuertes y la gente habladora lo sobreestimulan.
7. No tolera la ropa rasposa o es demasiado sensible a los productos químicos.
8. Prefiere conducir su propio coche para poder irse en cualquier momento.
9. Cuando se siente estresado, come en exceso.
10. Las relaciones íntimas lo hacen sentir asfixiado.
11. Se sobresalta con facilidad.
12. Es muy sensible a la cafeína o a ciertos medicamentos.
13. Tiene poca tolerancia al dolor.
14. Siente la necesidad de aislarse.
15. Absorbe fácilmente las emociones de los demás, y a veces incluso los síntomas físicos.
16. La idea de hacer muchas cosas al tiempo lo abruma: prefiere hacer una cosa a la vez.
17. Estar en la naturaleza lo rejuvenece.
18. Necesita mucho tiempo para recuperarse después de reunirse con vampiros energéticos.

19. Prefiere las ciudades pequeñas a las grandes.

20. Prefiere las interacciones individuales a las grandes reuniones.

Su puntuación

- De 1 a 5 afirmaciones: tendencias empáticas leves.

- De 6 a 10: tendencias empáticas moderadas.

- 11 a 15: tendencias empáticas fuertes.

- De 15 a 20: verdadero empático.

Test de alta sensibilidad

De nuevo, marque todas las afirmaciones que considere verdaderas:

1. Se siente fácilmente abrumado por los desencadenantes sensoriales.

2. Es hiperconsciente de cualquier cambio sutil en el entorno.

3. Le afecta fácilmente el estado de ánimo de otras personas.

4. Tiene una tolerancia al dolor extremadamente baja.

5. Cada vez que tiene un día ajetreado, siente la necesidad de aislarse en una habitación oscura, un rincón tranquilo, su cama o cualquier lugar privado para escapar de los estímulos.

6. La cafeína, en particular, lo hace más sensible.

7. Las luces brillantes, los tejidos gruesos, las sirenas, los olores fuertes y otros estímulos fuertes lo abruman fácilmente.

8. Tiene un entorno interior rico y complejo.

9. Disfruta y se siente profundamente conmovido e inspirado por las artes y la música.

10. Los ruidos fuertes le incomodan.

11. Su sistema nervioso a menudo se abruma, por lo que se toma un tiempo para estar a solas.

12. Tiene fuertes principios y valores morales.

13. Se sobresalta con facilidad.

14. Se agobia cuando tiene que hacer muchas cosas en poco tiempo.

15. Reconoce al instante lo que hay que arreglar cuando las personas se sienten incómodas en su entorno físico.

16. Se molesta cuando la gente lo incita a hacer muchas cosas a la vez.

17. Se esfuerza por evitar cometer errores u olvidar cosas.

18. Evita ver películas y programas violentos.

19. A veces, reacciona de forma desagradable cuando le abruma lo que ocurre alrededor.

20. Le da hambre con frecuencia: se enfada cuando tiene hambre.

21. Cualquier cambio en su rutina lo perturba.

22. Se desvive por organizar su vida y evitar situaciones o ambientes desagradables.

23. Se pone tan nervioso cuando alguien lo observa realizar una tarea que a menudo lo hace mucho peor que si estuviera solo.

24. Sus padres y profesores a menudo lo describen como sensible o tímido cuando era niño.

Su puntuación

Si has marcado más de catorce de las anteriores afirmaciones, hay una alta probabilidad de que sea una HSP. También puede ser una HSP si ha marcado menos afirmaciones, pero las ha sentido con mucha fuerza.

Tenga en cuenta que los resultados de estos cuestionarios solo deben ayudarle a entenderse mejor. No son en absoluto una respuesta definitiva ni una base sobre la que construir su vida.

Para describirlo brevemente, los empáticos son personas con una sensibilidad emocional extremadamente alta, mientras que las personas altamente sensibles tienen una sensación general de sensibilidad aumentada. Sin embargo, esto también significa que tanto los empáticos como las HSP son muy susceptibles a los cambios sutiles de su entorno. Esta capacidad a menudo los hace vulnerables a las energías negativas, especialmente cuando se encuentran con otros que se aprovechan de su naturaleza empática.

En el próximo capítulo, profundizaremos en las dificultades a las que se enfrentan los empáticos y las HSP en su vida diaria.

Capítulo 2: Las luchas de la alta sensibilidad

La alta sensibilidad es un tema que no suscita mucho interés ni preocupación. Por este motivo, existen muchas ideas erróneas sobre ella y sobre quienes la padecen. Mucha gente no se da cuenta de que ser altamente sensible es mucho más que sentir emociones muy profundas o tomarse todo a pecho.

Un individuo altamente sensible tiene una mayor sensibilidad nerviosa central a numerosos estímulos, incluyendo actividades sociales, físicas y emocionales. Además de ser más sensible emocionalmente que una persona promedio, una HSP también tiene una menor tolerancia al dolor y se irrita ante fenómenos sociales y ambientales aparentemente normales, como grandes multitudes, interacciones físicas, luces brillantes y sonidos fuertes. Las HSP suelen ser juzgadas erróneamente como «demasiado dramáticas», «demasiado sensibles» o «muy extravagantes». Esto sucede porque ni ellas ni las personas comunes se dan cuenta de que la alta sensibilidad va acompañada de una amplia gama de fortalezas y cualidades, a pesar de los desafíos. La mayoría de las personas altamente sensibles creen que están solas y que nadie entiende realmente su lucha. Si se siente identificado con esto, quizá encuentre paz al saber que alrededor del 20 % de la población mundial es altamente sensible.

Ser una persona altamente sensible no es una condición que se diagnostique. Se trata simplemente de un rasgo de la personalidad que genera respuestas más intensas a determinados estímulos. Si ha realizado el cuestionario del capítulo anterior, probablemente ya tenga una idea de su posición en el espectro de la alta sensibilidad.

Las personas altamente sensibles suelen ser descritas erróneamente como introvertidas, o todo lo contrario. Es importante tener en cuenta que, aunque ambos rasgos de personalidad tienen características comunes, son muy diferentes. Esta confusión y la falta de conciencia en torno a la alta sensibilidad dificultan que las HSP se comprendan a sí mismas plenamente.

Este capítulo explora en profundidad lo que significa ser un individuo altamente sensible. Aquí aprenderá más sobre las situaciones que pueden ser desencadenantes, y esto le ayudará a identificar los momentos que generan su reactividad. También encontrará algunos ejemplos de luchas comunes que las HSP experimentan en su día a día. Por último, encontrará algunas técnicas de atención plena que le ayudarán a superar estas dificultades y a proteger su energía.

Las personas altamente sensibles en pocas palabras

Ser una persona altamente sensible implica muchas ventajas y desventajas. Si usted es una HSP, sin duda es consciente de los retos que le plantea este rasgo de su personalidad. Sin embargo, le sorprenderá saber que su elevada sensibilidad también puede darle ventaja en muchas de sus relaciones sociales, profesionales y románticas.

Cuando es tan sensible, no puede evitar ofenderse por las acciones o palabras sutiles de otros, incluso cuando no tienen intención de hacer daño. Es probable que reaccione de forma exagerada ante acontecimientos y situaciones cotidianas que para los demás se perciben como normales. Las discusiones leves en las relaciones también pueden causarle mucho estrés. Por desgracia, el hecho de que le digan constantemente que usted no es razonable y que sus reacciones son desproporcionadas puede hacer que se cuestione su propia cordura. Para que quede claro, no está delirando, y sí, sus sentimientos son válidos. Aunque no reaccione como los demás, percibe los factores negativos con más facilidad e intensidad que ellos. Pero el hecho de que las experiencias negativas lo afecten más profundamente no es un signo de debilidad.

Una de las desventajas de ser una persona muy sensible es que tiende a perder muchas experiencias y oportunidades sociales y profesionales. Esto se debe a que evita las situaciones que le hacen sentirse estresado y abrumado. Las situaciones que provocan sentimientos de malestar, como la violencia y los conflictos, pueden afectarle de forma significativa.

Sin embargo, esto significa que también le afectan y mueven mucho los aspectos positivos de la vida. La música, la belleza, el arte y la naturaleza pueden conmoverlo profundamente. Se emociona al presenciar acontecimientos conmovedores. Esto le da la capacidad de encontrar la belleza en todo lo que le rodea, y también le otorga unas excepcionales habilidades interpersonales. Ser una HSP le permite empatizar con los demás y sentir sus emociones. Crea grandes vínculos y relaciones con quienes le rodean, y la forma en que se preocupa por ellos lo convierte en un amigo indispensable. Aunque las HSP son muy blandas y emocionales, no son para nada ingenuas. Sus habilidades empáticas les permiten percibir la toxicidad a kilómetros de distancia. Siempre se dan cuenta de que algo no encaja, por lo que son muy cuidadosas a la hora de decidir a quién dejan entrar en su círculo.

Todas estas características hacen que las HSP sean, en general, receptivas y agradecidas. Agradecen por sus vidas y saben apreciar los pequeños placeres de la vida, ya sea una buena comida o una obra de arte fascinante. Esta es una cualidad muy importante de la que carecen muchas personas. La clave para encontrar la felicidad y mantener el equilibrio en la vida como una HSP reside en aprender a gestionar y utilizar sus atributos especiales. Así es como transforma sus debilidades en fortalezas. Para ello, tiene que comprender plenamente los retos que le plantea la vida. Puede que no se dé cuenta, como HSP, de que mientras sus dificultades son muy profundas, sus buenos momentos son extremadamente altos.

Posibles desencadenantes

Como todo el mundo, las HSP se sienten estresadas cuando se enfrentan a retos y situaciones difíciles. A menudo se agravan por situaciones a las que los demás no prestan demasiada atención. Cada vez que entran en una habitación, se dan cuenta de sutilezas, como comportamientos hostiles o tensiones leves. Por eso, los ambientes sociales y reuniones pueden ser especialmente agotadores para las personas altamente sensibles. A continuación, se enumeran algunas cosas que pueden resultar abrumadoras para una HSP:

Horarios muy ocupados

Mientras que algunas personas trabajan mejor bajo presión y sienten una sensación de satisfacción cuando tienen una agenda muy apretada por cumplir, esta situación ciertamente no es lo que le gusta a una HSP. Una vida ajetreada mantendrá en vilo a una persona altamente sensible. Es una receta para el estrés constante. A las personas altamente sensibles no les gusta tener muchas cosas que hacer en un tiempo limitado, incluso si ese tiempo es largo. No pueden evitar sentirse agobiadas por la posibilidad de no encontrar la manera de hacerlo.

Qué hacer: Si se encuentra atascado en una agenda muy apretada, asegúrese de añadir experiencias positivas a su lista de tareas. Haga algo divertido o dedíquese a una actividad relajante cada día. Puede dar un paseo largo por la naturaleza, pintar, hacer ejercicio, practicar yoga o cualquier otra actividad que lo tranquilice. De este modo, podrá aliviar parte de la presión. Durante este momento del día, intente liberar su mente de todas las cosas que tiene que hacer. Ocúpese de esta actividad positiva como lo haría con cualquier otro esfuerzo serio. Dirija toda su concentración y atención a ella.

Tener expectativas que cumplir

Como empáticos, los individuos altamente sensibles prestan una atención extra a las emociones y necesidades de quienes les rodean. Esto sucede porque automáticamente captan estas sensaciones y se preocupan por no decepcionar a los demás. Por esta razón, a las HSP les resulta especialmente difícil decir que no. Sentir la consternación de los demás no les facilita las cosas. Además, las HSP suelen ser muy autocríticas. También se hacen responsables de cómo se sienten los demás. Creen que es su deber hacerlos felices, lo cual es una responsabilidad muy pesada de asumir.

Qué hacer: La felicidad y las emociones de los demás no son su responsabilidad. Una de las razones por las que puede sentirse inclinado a cuidar de otros es que le cuesta poner en primer lugar sus propias necesidades. Recuerde siempre que si sacrifica sus propias necesidades por la felicidad de los demás, sentirá resentimiento. También se sobrecargará y ya no será capaz de ayudar a los demás como le gustaría. Si ser servicial lo hace feliz, debe mantener un equilibrio entre el cuidado de usted mismo y el de los demás. No puede ayudar si usted mismo está vacío. Aprenda a sentirse cómodo estableciendo límites en todas sus relaciones. También debe aprender a decir no cuando sus propios deseos y necesidades se vean comprometidos.

Conflictos

Los conflictos son muy estresantes para todo el mundo, especialmente si son con personas a las que quiere y por las que se preocupa. Sin embargo, para las HSP, los conflictos pueden ser extremadamente angustiosos. Muchas personas altamente sensibles evitan las conversaciones importantes para no tener posibles desacuerdos. Cuando se sienten tristes o decepcionados por las acciones de los demás, las HSP evitan hablar porque les preocupa crear problemas. Esto crea una enorme brecha de comunicación, que compromete las relaciones de una HSP.

Como mencionamos anteriormente, las personas altamente sensibles también son rápidas en captar las sutilezas y pueden notar inmediatamente cuando alguien se siente un poco mal. El problema aquí es que muchas HSP asumen inmediatamente que la otra persona está enfadada con ellas. En la mayoría de los casos, malinterpretan los comportamientos ajenos como una señal de conflicto inminente. Esto puede hacer que eviten a las personas sin ninguna razón.

Qué hacer: Como empático, usted se preocupa mucho por los demás. Sin duda, también le duele perder personas importantes en su vida. Por eso, tiene que ser capaz de comunicar sus sentimientos y preocupaciones a los otros. Si tiene relaciones sanas con los demás, lo escucharán y evitarán acciones o comportamientos que le molesten, en lugar de entrar en una discusión. Cuando sienta que alguien actúa de forma diferente a como lo hace habitualmente, no debe sacar conclusiones precipitadas. Por el contrario, debe comunicar sus preocupaciones. De este modo, sabrá si ese cambio de comportamiento tiene algo que ver con usted.

Niveles bajos de tolerancia

Todos tenemos diferentes niveles de tolerancia y es probable que experimentemos drenajes de energía cuando nos encontramos con ciertas experiencias o eventos. Lo que drena la energía de alguien no necesariamente afecta a otra persona. Para una persona altamente sensible, cualquier tipo de distracción puede ser perjudicial. Las HSP pueden agitarse y distraerse fácilmente con olores, ruidos fuertes o luces brillantes. Les puede resultar difícil relajarse cuando algo se sale de sus estándares de comodidad.

Las personas altamente sensibles pueden no apreciar las sorpresas, porque se desconciertan fácilmente. También pueden tener umbrales de dolor bajos y les puede ser difícil aguantar el hambre o la sed. Aunque estos son factores de estrés aparentemente pequeños, pueden llegar a ser extremadamente frustrantes para una HSP cuando se acumulan.

Qué hacer: Dado que no siempre puede controlar su entorno, especialmente en lo público, necesita establecer un espacio seguro para sí mismo en su casa. Las interacciones sociales y el entorno en general pueden ser muy abrumadores para usted. Por eso, necesita poder recargarse al llegar a casa. Asegúrese de que su casa es lo suficientemente relajante para sus necesidades. Manténgala organizada si el desorden le estresa. Mantenga las luces tenues y cambie los relojes tradicionales por los digitales si el tic-tac le molesta. Conocer sus necesidades en relación con su casa también garantizará que los electrodomésticos funcionen de forma óptima (sin zumbidos ni chirridos). De este modo, no tendrá que preocuparse por reparaciones. Si es sensible a determinadas texturas, asegúrese de eliminarlas de su casa. Puede decorar su casa con bonitas obras de arte, poner películas relajantes y utilizar velas aromáticas calmantes.

Fracaso

Como ya sabe, las personas altamente sensibles son excesivamente autocríticas. Esto les hace ser muy introspectivas y dudar de sí mismas. A las HSP les cuesta olvidar sus errores. No dejan de pensar en incidentes embarazosos o en situaciones en las que les parece que actuaron como incompetentes. Se estresan por los pequeños fallos más de lo que lo haría un individuo promedio. A los individuos altamente sensibles no les gusta que los observen o los evalúen cuando hacen algo. Este tipo de situaciones, como las exposiciones en público, los concursos o las presentaciones, pueden hacerlos sentir muy ansiosos. También es probable que se equivoquen por lo presionados y preocupados que se sienten. Las HSP se caracterizan por sus tendencias perfeccionistas y su necesidad de hacerlo todo bien.

Qué hacer: Recuerde que los errores son oportunidades perfectas para crecer y desarrollarse. Cuando se lamente por el pasado, recuerde que probablemente es la única persona que se ha dado cuenta. Si le preocupa una situación futura, piense en lo peor que puede pasar. ¿Qué importa si se olvida de un par de palabras durante su presentación, se equivoca durante el discurso o no consigue una clasificación óptima en una competición deportiva? Tendrá muchas oportunidades de enmendar sus errores. Además, es probable que sea el único que recuerde estos percances. De vez en cuando, actúe intencionadamente por debajo de su nivel. Coloree fuera de las líneas, no haga la cama por la mañana o cambie una receta que ha pasado meses intentando dominar. Acepte que no todo tiene que ser perfecto siempre.

Consejo general: si todavía no sabe cómo enfrentarse a ciertos estímulos, lo mejor es que los evite por completo. Conozca las cosas que lo hacen reaccionar y tome medidas para evitarlas. Por ejemplo, si se siente abrumado en zonas concurridas, haga sus diligencias a primera hora de la mañana. Si las interacciones físicas le provocan ansiedad, siéntese lejos de sus amigos más propensos a estos comportamientos. Si los sonidos fuertes le resultan insoportables, asegúrese de llevar auriculares para escuchar música siempre que lo necesite. No vea películas o vídeos de suspenso o violentos, ni lea o escuche canciones que lo hagan sentir mal.

Practicar la meditación y la atención plena

Practicar técnicas de meditación mejora la calidad de vida.
https://pixabay.com/images/id-1851165

Como HSP, necesita aprender a poner límites para mejorar su calidad de vida. Puede hacerlo practicando técnicas de atención plena y meditación. Estas actividades pueden ayudarle a entender cómo se siente en determinadas experiencias vitales. La meditación le permite observar sus emociones y pensamientos a través de una perspectiva más amplia. Con el tiempo, será capaz de calmar su cuerpo con más facilidad y eficacia. Esto le ayudará a recuperarse rápidamente del estrés y la ansiedad. Estas actividades también le enseñarán a desvincularse de lo que le abruma, para que las emociones intensas no lo superen.

Puede hacer estos ejercicios siempre que se sienta ansioso por un acontecimiento próximo. Si se siente abrumado por un determinado estímulo, aléjese de la situación y elija una de las siguientes actividades. Esto le ayudará a recuperar la compostura para volver a la situación con una mente más clara y positiva. Incorporar estos ejercicios a su rutina diaria también puede ayudarle a lidiar con su alta sensibilidad de manera más eficiente a largo plazo. Son excelentes técnicas de gestión emocional y de pensamiento.

Ejercicios de atención plena

Restablezca su conciencia. El mundo moderno es muy exigente y va a un ritmo increíblemente rápido. Para mantener ese ritmo, todos nos olvidamos de prestar atención a nuestro entorno. Puede beneficiarse mucho si se toma el tiempo necesario para involucrarse plenamente con el entorno que le rodea. Conecte con la naturaleza y disfrute de experiencias vitales con todos sus sentidos. Observe los diferentes matices y colores de la naturaleza, toque las hojas cubiertas de rocío, huela las flores y escuche el canto de los pájaros. Saboree sus comidas y tómese el tiempo de identificar todos los sabores. Haga que comer sea un festín para sus ojos y disfrute de los olores involucrados en ello.

Esté plenamente presente. Esté totalmente atento a todo lo que hace. Asegúrese de experimentar la alegría incluso en las actividades más sencillas.

Practique la autoaceptación y la compasión. Siempre que esté siendo demasiado crítico con usted mismo, pregúntese si es así como trataría a un buen amigo.

Tome conciencia de su respiración. Siempre que se sienta abrumado o superado por pensamientos negativos, siéntese cómodamente y cierre los ojos. Respire profundamente y tome conciencia del ritmo y el patrón de su respiración. Inhale profundamente y exhale todo el aire.

Actividades de meditación

Meditación sentada: Siéntese en una silla con la espalda recta y los pies apoyados en el suelo. Mantenga las manos en el regazo y respire por la nariz. Preste toda su atención a la forma en que la respiración entra y sale de su cuerpo. Haga esto entre tres y cinco minutos. Si un pensamiento o una sensación física intrusiva interrumpen su práctica, no intente resistirse. En cambio, reconózcalo e imagine que se aleja como una nube. Vuelva a ser consciente de su respiración.

Meditación de exploración del cuerpo: Acuéstese de espaldas. Mantenga las piernas extendidas y apoyadas en el suelo, y ponga las manos a su lado con las palmas hacia arriba. Dirija lenta e intencionadamente su conciencia hacia las diferentes partes de su cuerpo. Puede empezar por la cabeza y bajar hasta los dedos de los pies, o hacerlo al revés. Preste atención a cualquier emoción, sensación física o pensamiento relacionado con la parte del cuerpo en la que se está concentrando.

Paseos meditativos: Busque un lugar tranquilo para realizar esta meditación. Debe tener al menos tres o cuatro metros de largo. Camine lentamente y centre su atención en la experiencia. Fíjese en cómo se sienten sus pies en el suelo y en las sensaciones físicas que experimenta mientras está de pie. Sea consciente incluso de los más pequeños movimientos que le permiten mantener el equilibrio. Cuando llegue al final de la habitación o del camino, dé la vuelta y haga lo mismo de regreso.

Ser muy sensible suele considerarse un rasgo negativo de la personalidad. Sin embargo, no mucha gente se da cuenta de que las HSP pueden sobresalir en numerosas áreas de la vida con las técnicas de gestión adecuadas. Para aprender a manejar su alta sensibilidad, primero debe identificar sus factores de estrés.

Capítulo 3: Auras y energías

Un aura es un espectro electromagnético formado por el campo electromagnético que rodea su cuerpo. Espere, ¿qué? ¿Un campo electromagnético producido por su cuerpo? Es difícil de creer, pero el ser humano irradia un bajo nivel de electricidad, que solemos asociar con un campo electromagnético. ¿Pero cómo es posible? Todo cuerpo de materia, ya sea un ser vivo o un objeto inanimado, está formado por átomos. Desde el punto de vista de la física, su cuerpo está compuesto por un gran número de átomos que forman un todo. Ahora bien, cada átomo está formado por el núcleo, que contiene protones y neutrones, y una región exterior que contiene electrones y un espacio mayoritariamente vacío. Así que, en esencia, un átomo es un espacio vacío con carga. Cada átomo tiene un campo electromagnético que lo repele o atrae hacia otros átomos.

El aura es un campo electromagnético.
https://www.pevels.com/photo/light-woman-art-relaxation-6931816

Estos átomos se unen formando el cuerpo, y su campo electromagnético impide que se fusione con otra materia. Este campo electromagnético se asocia con la energía que puede emitir una persona. El espectro que se forma como resultado de este campo electromagnético es el aura de una persona. Los átomos presentes en su cuerpo vibran con una longitud de onda diferente a la de otros cuerpos. No podemos ver esta vibración porque ocurre a nivel atómico. El resultado es un espectro electromagnético de varios colores que conforman su aura. Piénselo así. Su aura es un halo que lo rodea y que la gente puede sentir con su presencia, aunque no es visible para todos. El aura también es un escudo protector del cuerpo físico.

Relación entre la mente, el cuerpo y el espíritu del aura

El aura de cada persona encarna su personalidad, su estado de ánimo y su espiritualidad. Contiene todas las energías negativas y positivas dentro de la mente y el cuerpo, y la energía predominante dicta el tipo de aura que se genera. El espectro electromagnético que compone el aura está formado por siete capas asociadas a un chakra concreto a lo largo de la columna vertebral. Cada chakra se identifica con un color.

Una persona con un aura sana expresa un cuerpo, una mente y un espíritu sanos. Por ejemplo, si una persona está llena de emociones negativas como rabia, celos e ira, la energía de su aura expresará lo mismo. Por el contrario, una persona con sentimientos cálidos y felices tendrá un aura tranquila que atraerá a la gente hacia ella. El mismo concepto puede aplicarse a las dolencias físicas. Las personas con problemas de salud tienen un aura poco saludable, mientras que un cuerpo saludable emana energía positiva. Las personas que pueden leer el aura pueden saber si una persona goza de buena salud o no.

Los siete chakras y los cuerpos áuricos

Los siete chakras.
https://pixabay.com/images/id-6513344

Las diferentes capas del espectro electromagnético que componen el aura de una persona también se conocen comúnmente como cuerpos sutiles. Estas capas suelen asociarse con los siete chakras energéticos del cuerpo humano. Todas las capas están cerca y se ven afectadas por los pensamientos, la salud, los talentos, el potencial vital e incluso las vidas pasadas o las lecciones kármicas de una persona. El color de su aura está sujeto a cambios según estos diferentes factores. Los siete chakras energéticos están asociados con las siete capas del aura, o cuerpos sutiles, en la siguiente forma:

1. Chakra raíz/Cuerpo etérico

El chakra raíz es la energía de la fuerza vital y está situado en la base de la columna vertebral. A menudo se asocia con el color rojo, ya que controla las actividades relacionadas con el corazón y la sangre. El chakra raíz está asociado a la primera capa que compone el aura: el cuerpo etérico. Esta capa es la más cercana al cuerpo físico y está compuesta por líneas de energía finas de color blanco azulado. Este color suele variar entre el azul claro y el azul intenso de una persona sana y feliz.

2. Chakra sacro/Cuerpo emocional

El chakra sacro, también conocido como el centro naranja o esplénico, es el centro de energía de los sentimientos y emociones. Situado cerca de la parte inferior del abdomen, el chakra sacro se asocia con el color naranja y controla sus emociones. Está asociado con la capa emocional del aura, que está ubicada justo encima del cuerpo etérico. Esta capa expresa el espectro de sus emociones en un aura parecida a una nube, que se extiende de tres a cuatro pulgadas desde su cuerpo. Al igual que sus emociones, esta capa tiene una gama variable de colores y a menudo se modifica con los cambios en las emociones.

3. Chakra del plexo solar/Cuerpo mental

El chakra del plexo solar está situado cerca del estómago y controla su energía mental. Está representado por el color amarillo y se asocia con la capa áurea del cuerpo mental. Esta capa contiene sus pensamientos e ideas, su lado creativo y sus procesos mentales. Muchas personas consideran que esta capa es un segundo cerebro donde se procesan los pensamientos. Constituye una luz amarilla brillante que irradia desde la cabeza y se mueve a lo largo del cuerpo.

4. Chakra del corazón/Cuerpo astral

El chakra del corazón está conectado con su energía emocional, y está localizado en el centro del cuerpo humano. Conecta todos los chakras superiores e inferiores y abarca las emociones complejas y las cuestiones relacionadas con el corazón. Por ello, se dice que es el puente entre el plano emocional y el físico. Este chakra está asociado con el cuerpo astral y se manifiesta como un hermoso arco iris. Cuando una persona está enamorada, esta capa de su aura es especialmente prominente y parecida a los fuegos artificiales.

5. Chakra de la garganta/Modelo etérico

Situado en la garganta, el chakra de la garganta regula su energía de comunicación y a menudo se asocia con el color azul. El chakra de la garganta está asociado con la capa del modelo etérico del aura, que se utiliza para indicar el plano físico de su cuerpo. Por esto, esta capa puede utilizarse para predecir dolencias o enfermedades físicas.

6. Chakra del tercer ojo/Cuerpo celeste

El chakra del tercer ojo conecta con la capa del cuerpo celeste y suele representarse con un color azul oscuro. Este chakra está situado justo en medio de los ojos y se asocia con la conexión y la comprensión espirituales. Representa la capacidad de concentrarse en lo que realmente importa. El cuerpo celeste regula las funciones espirituales y mentales, incluyendo las emociones, los pensamientos, las perturbaciones y la manifestación de la energía.

7. Chakra de la corona/Cuerpo celeste

El chakra de la corona está situado en la parte superior de la cabeza y se extiende hacia arriba. Está representado por el color violeta o el índigo. Esta capa vibra a la frecuencia más alta y, por lo tanto, protege todas las demás capas del aura. Esta capa se ve generalmente como un color blanco brillante en el lugar más externo del aura.

Las HSP y la lectura del aura

Como persona altamente sensible, probablemente ha experimentado una intuición muy fuerte de algo que está a punto de suceder, o simplemente ha sabido el estado de ánimo y la energía de una persona con solo mirarla. El problema de ser una persona altamente sensible (HSP) es que experimenta las cosas en una frecuencia diferente. Por eso es tan fácil para una persona altamente sensible leer el aura de alguien más. Como su cerebro está conectado de forma diferente, las HSP tienen una mayor conciencia de las emociones, tanto propias como ajenas. Al vibrar en una frecuencia más alta que las demás personas, las HSP captan el aura que emanan los otros.

Por ejemplo, una HSP es capaz de sentir la tensión entre una pareja, incluso si se comportan con total normalidad. Del mismo modo, es capaz de percibir los problemas, la fatalidad o la tristeza de alguien que padece una enfermedad, ya sea física o mental. Algunas personas altamente sensibles también afirman ser capaces de ver el aura y los diferentes colores que emanan de una persona. En este caso, es mejor que entienda lo que representa cada color del aura, ya que cada uno tiene significados diferentes.

1. Aura roja

El color rojo se asocia a menudo con el chakra raíz y, por tanto, con el corazón y la sangre. Los diferentes tonos de rojo simbolizan diferentes emociones y características de una persona:

- Rojo claro - simboliza los sentimientos sensuales, las emociones terrestres y los sentimientos energéticos.

- Rojo oscuro - representa la voluntad fuerte, la personalidad realista y la terquedad.

- Rosa brillante - a menudo considerado el color del amor, se asocia con la bondad, el amor y el afecto.

- Rojo tierra - los tonos más oscuros de rojo simbolizan la rabia, la ira, los sentimientos de ansiedad y la naturaleza implacable.

2. Aura naranja

El color naranja se asocia con el chakra sacro, que controla las emociones, la creatividad y la fertilidad. Principalmente, se producen dos tonos de naranja en las auras:

- Naranja brillante - se asocia con la valentía, la creatividad y un carácter extrovertido.

- Naranja oscuro - se inclina hacia emociones más oscuras como la adicción, el estrés, la falta de motivación o la ambición.

3. Aura amarilla

Conectada al chakra del plexo solar, o energía solar, el aura amarilla se asocia con la fuerza vital, el ego y el bienestar. Puede ser visible en tonos de:

- Oro brillante - conectado con sentimientos de despertar espiritual, protección divina e iluminación.

- Amarillo pálido - corresponde a una personalidad juguetona, desenfadada y optimista, con claridad espiritual.

- Amarillo turbio - un tono más oscuro de amarillo, generalmente se debe al estrés o a la fatiga.

- Amarillo brillante - Se asocia con una personalidad egocéntrica y controladora.

4. Aura verde

El verde está conectado con el chakra del corazón. Representa la bondad, la compasión y el crecimiento. Suele ser visible en tonos de:

- Verde claro - simboliza la creatividad, el amor y la compasión.

- Verde oscuro - representa una personalidad empática y tranquilizadora, así como una naturaleza curativa.

- Verde turbio - indica una emoción más oscura, relacionada con sentimientos de resentimiento, celos e inseguridad.

5. Aura azul

Correspondiente al chakra de la garganta, el aura azul se relaciona con la veracidad, la comunicación y la expresión. Es visible en las siguientes tonalidades.

- Azul claro - se asocia con sentimientos de paz y una personalidad veraz.

- Azul oscuro - simboliza la apertura de mente y una profunda conciencia espiritual.

- Azul turbio - se asocia con el miedo al futuro y las cosas ocultas.

6. Aura púrpura

Asociada con el chakra del tercer ojo, el aura púrpura está relacionada con la sabiduría, la espiritualidad y la intuición. Tiene matices de:

- Blanco y violeta - sentimientos de intensa curación, sabiduría y naturaleza meditativa.

- Índigo - se asocia con la sabiduría, la intuición y la integridad.

- Violeta - tiene que ver con los sentimientos de curación y responsabilidad.

7. Aura plateada

Suele manifestarse en ondas superpuestas con otros colores y representa emociones intensas. Visible en tonos de:

- Plata brillante - representa una personalidad nutritiva y una naturaleza intuitiva.

- Gris turbio - indica problemas de salud subyacentes.

- Gris oscuro o negro - simboliza bloqueos energéticos o sentimientos de dolor reprimido.

Cómo leer su aura

Antes de empezar a leer su propia aura, debe entender cómo es un aura o campo electromagnético. Para ello, elija un objeto colorido al azar y colóquelo sobre un fondo neutro. Deje que su visión se difumine y se suavice antes de enfocarla en el objeto. Empezará a ver un color borroso que rodea al objeto y que es el aura del mismo. Practique esta técnica con objetos tanto como le sea posible, y luego pase a las plantas. Las plantas tienen un aura más definida en comparación con los objetos inanimados. Una vez que haya practicado lo suficiente, es el momento de empezar a leer su propia aura.

Para leer su aura, póngase delante de un espejo y concéntrese en una parte de su cuerpo, preferiblemente las manos. Frote sus manos, sepárelas lentamente y vuelva a juntarlas. Mientras hace esto, suavice su visión y fíjese si percibe un color distinto alrededor de sus manos. Lentamente, este color se volverá más claro, y podrá observarlo alrededor de su cuerpo. Incluso puede notar una mezcla de diferentes colores.

Cómo leer el aura de otra persona

Leer el aura de otra persona es muy parecido a leer la propia, y las HSP suelen tener muy buen instinto para esto. Para leer el aura de otra persona, todo lo que tiene que hacer es pedirle que se ponga de pie sobre un fondo neutro. Enfóquese en la nariz de la persona, pero no muy profundamente. Asegúrese de mantener su vista relajada mientras se concentra en la visión periférica. De este modo, aunque sus ojos estén sobre la nariz de la persona, también podrá observar su silueta. Al cabo de un rato, empezará a observar un contorno benigno que se forma alrededor de la persona. En ese momento, con su visión periférica, debe observar el contorno, y notará que se hace cada vez más fuerte. Por último, mueva su mirada de la nariz del sujeto hacia su frente para ver mejor el aura.

Cómo diferenciar su aura de la de otra persona

Los empáticos y las personas altamente sensibles suelen confundir los sentimientos y el aura de otras personas con los propios. Esto se debe principalmente a su capacidad de sentir intensamente las emociones de los demás, que confunden con sus propios sentimientos. A veces esto puede ser agotador, y las HSP deben ser capaces de diferenciar su propia aura y energía de la de otras personas. Para ello, siga estos consejos:

- Cuando se sienta abrumado por las emociones y la energía negativa, tómese un momento para respirar y calmarse.
- Pregúntese si realmente se siente de una manera determinada o si está canalizando la energía de otra persona.
- Observe sus emociones y tómese unos momentos para pensar antes de responder a la pregunta anterior.
- Al cabo de un rato, se dará cuenta de que el aura negativa que sentía no era suya, sino de otra persona cercana, posiblemente alguien a quien quiere.
- En lugar de dejarse abrumar, póngase en paz e intente ayudar a su amigo o a su ser querido a superar su problema.

Aunque no hay pruebas científicas concretas que respalden la existencia de las auras, muchas personas han experimentado este fenómeno. El aura de alguien puede decirnos muchas cosas: sus sentimientos, su personalidad e incluso sus emociones ocultas. Sin embargo, como persona altamente sensible, también es importante que se cuide a usted mismo y aprenda a poner límites en su empatía. Tanto si es una HSP como si no, los límites son lo más importante para llevar una vida sana.

Capítulo 4: Cómo identificar las energías tóxicas

Los empáticos y las personas altamente sensibles deben aprender a identificar las energías tóxicas para evitarlas. Por desgracia, no hay una aplicación en su teléfono que le avise cuando está cerca de personas negativas. La energía tóxica se refiere a la negatividad que se manifiesta en los sentimientos y las acciones de una persona. Por ejemplo, alguien que está celoso, enfadado e insatisfecho con su vida siempre intentará menospreciarlo y nunca podrá celebrar sus éxitos o alegrarse por usted. Incluso puede hacerlo sentir mal cuando comparte buenas noticias porque está consumido por los celos y la ira.

Las personas con energía tóxica son una fuerza destructiva para sí mismos y para quienes les rodean. Son consumidos y devorados desde dentro. Esa energía se apodera de ellos y son incapaces de controlarla. Esa toxicidad se manifiesta en acciones que pueden herir e incluso destruir a quienes forman parte de su vida. Dicho esto, no todas las personas tóxicas son conscientes de este tipo de energía, pero eso no hace que ellas o sus acciones sean menos dañinas.

Ya sean positivas o negativas, las energías se sienten, especialmente si usted es un empático o una persona altamente sensible. Por esta razón, la mejor manera de identificar la energía tóxica es observar cómo se siente cuando está cerca de ciertas personas. La negatividad es un vacío o un vampiro que succiona su energía. Después de pasar tiempo con estas personas, se siente agotado y de mal humor. Aunque no muestren un comportamiento tóxico, la energía y las malas vibraciones que emiten pueden afectar negativamente su estado de ánimo y su psique. Como HSP, usted es capaz de percibir cosas que la mayoría de la gente no puede, y esto puede afectarlo más que a otros. Puede que ni siquiera sea consciente de ello, sobre todo si la persona que lo rodea no muestra ningún rasgo negativo o tóxico. Lo único que sabe es que se siente peor y agotado cada vez que está cerca de ciertas personas.

¿Cómo se pueden identificar las energías tóxicas?

Además de sentirse peor y agotado después de pasar tiempo cerca de una energía tóxica, hay ciertos comportamientos a los que debe prestar atención para protegerse de los vampiros energéticos.

Se quejan todo el tiempo

Suelen quejarse de todo y de todos. Están tan consumidos por la energía tóxica que no pueden ver nada bueno y solo se concentran en lo negativo. Incluso si todo está bien, encontrarán algo de lo que quejarse.

Nunca es su culpa

Siempre son las víctimas, ya sea de sus circunstancias o de alguien más. Nunca tienen la culpa de nada. Nunca reflexionan sobre sí mismos para identificar su responsabilidad. Siempre es culpa de otra persona.

Siempre critican

Como solo se concentran en lo negativo, siempre lo criticarán a usted, a sus amigos, a otras personas o a cualquier cosa que vean. Sus constantes críticas, al igual que sus quejas, crean un aire de negatividad que puede afectar su estado de ánimo y hacerlo sentir fatal cada vez que está cerca de ellos.

Dicho esto, tampoco reciben muy bien las críticas. Incluso si son constructivas o si usted solo quiere señalar cómo sus acciones lo hieren. Se sentirán atacados, ofendidos y se enfadarán mucho por ello.

Lo hundirán

Como se ha mencionado anteriormente, las personas negativas son incapaces de alegrarse por usted o por cualquier otra persona. Si comparte con ellos una noticia emocionante, encontrarán la manera de hundirlo. Por ejemplo, si usted ha sido ascendido y comparte la noticia con ellos, en lugar de alegrarse por usted, pueden decir algo como: «Esto debería haber ocurrido hace años» o «Está claro que ahora ascienden a cualquiera». Son personas miserables que quieren que todos se sientan como ellos. Llevan la expresión popular «la miseria ama la compañía» a un nivel superior.

Considere sus sentimientos

Una de las formas más seguras de identificar las energías tóxicas es identificar sus sentimientos hacia esa persona. ¿Se siente ansioso cada vez que sabe que se va a encontrar con ella? ¿Su nombre aparece en la pantalla de su teléfono y arruina su estado de ánimo? ¿Le da miedo tener una conversación con ella? Siga su instinto. Incluso si esta persona no presenta ninguno de los rasgos que hemos mencionado anteriormente, debe seguir su instinto. Usted es un empático, así que lo más probable es que esté en lo cierto si percibe malas vibraciones.

Estas personas solo se concentran en lo negativo. No son capaces de ver lo positivo en nada ni en nadie. Son individuos infelices que no paran de difundir la negatividad a donde van. Eche un vistazo a las personas de su vida. ¿Hay alguien que, después de pasar tiempo con él, lo deja agotado? ¿Tiene algún amigo que lo haga sentir menos feliz o entusiasmado con la vida después de una conversación? Aunque otras personas no se sientan igual que usted, las energías tóxicas lo afectan fácilmente. Por esta razón, por su bienestar físico y mental, debería aprender a protegerse de estas energías.

¿Cómo puede protegerse de las energías tóxicas?

No es una exageración decir que debe sobreproteger su energía. Las energías tóxicas tienen un gran impacto en los empáticos y las HSP. Proteger su energía preparará el camino para la construcción de una defensa psíquica resistente. Cuando está siempre rodeado de negatividad, su psique y su salud mental son vulnerables. Además, estar rodeado de personas tóxicas lo dejará expuesto a ellas. Drenarán su energía y harán que lo consuma la negatividad.

Una vez que reconozca la fuente de negatividad en su vida, debe establecer límites con estas personas para protegerse de su toxicidad. Esto le devolverá su poder, ya que no les dará la oportunidad de «chupar su energía» nunca más. Aprender a proteger su energía es vital para su bienestar físico y mental.

Establecer límites

Uno de los mejores consejos que podemos dar a una HSP es establecer límites. Las personas negativas disfrutan organizando reuniones de compasión para sí mismas, pero no siempre hay que aceptar estas invitaciones. Como se ha mencionado, les encanta quejarse y difundir la negatividad. Sin embargo, usted no tiene que formar parte de su drama. Distánciese de estas personas. Establecer límites no siempre es fácil, pero es vital, y lo explicaremos en detalle en los próximos capítulos.

No reaccione a su negatividad

Los vampiros energéticos siempre quieren obtener una reacción de usted. Es muy fácil reaccionar a la negatividad. Por ejemplo, si alguien le grita, usted reaccionará de la misma manera, enfadándose y levantando la voz. Está en la naturaleza humana reaccionar a las situaciones negativas sin pensar. Es un impulso para protegernos a nosotros mismos y a nuestro ego. Cuando se relaciona con una persona negativa, lo mejor es responder en lugar de reaccionar.

En pocas palabras, sea la persona más madura de la situación. Si le gritan, lo insultan o lo critican, tómese un momento para responder con calma o simplemente váyase. Esto evitará que se rebaje a su nivel y que agoten su energía. También le ayudará a mantener el control de sus emociones y de la situación.

Entienda que no puede cambiarlos

No puede cambiar a las personas. Este es un hecho que debe comprender para ahorrar y proteger su propia energía. No se quede esperando que algún día cambien; no lo harán. Como resultado de su naturaleza sensible, puede encontrar difícil alejarse de alguien, especialmente si es un amigo o un familiar. En este caso, intente hablar con él para que entienda cómo lo afectan sus acciones. Si después de hablar siguen actuando de la misma manera, tiene que alejarse. Esperar a que cambien no le hará bien a ninguno de los dos.

Necesita su propia energía para cuidar de usted mismo, de su trabajo, de su vida y de las personas que le importan. Si deja que alguien lo drene porque espera que cambie algún día, usted se verá afectado en todas las demás áreas de su vida. Evite discutir o contradecir, esperando que vea las cosas desde su perspectiva, porque no lo hará. Esto solo lo hará más obstinado, y usted se sentirá como si estuviera hablando con una pared, lo que puede ser muy frustrante.

Si tiene que interactuar con vampiros energéticos, no use su energía. Si se quejan, déjelos. No les diga que las cosas no están tan mal o que deberían concentrarse en lo positivo. No les dé su opinión o consejo. Solo mantenga la conversación fluida dando respuestas cortas como «¿De verdad?» «Qué mal» «¿Cómo ha pasado eso?». De esta manera, conserva su energía y permite que su amigo negativo se desahogue.

Hable de temas más ligeros

Los vampiros energéticos anhelan el drama. Para proteger su propia energía, no le permita empezar a quejarse o criticar. Si empiezan a hablar de lo horrible que es su trabajo o su vida, intente cambiar de tema. Pregúnteles si han visto la nueva temporada de su programa de televisión favorito o si han escuchado el nuevo álbum de su cantante preferido. Incluso puede hablar de memes o contarles una historia divertida. No pierda su actitud positiva y trate de mantenerse optimista.

Si siguen recurriendo a la misma toxicidad, puede que no haya más remedio que poner límites o incluso alejarse de ellos.

Evite el contacto visual

Si trabaja con un vampiro energético o se encuentra con él en situaciones de grupo, debe evitar el contacto visual. El contacto visual es una invitación a iniciar una conversación, que es lo último que usted quiere hacer con individuos negativos.

No se lo tome como algo personal

Como ya hemos dicho, a las personas negativas les encanta criticar, menospreciar a los demás y culparlos de sus desgracias. No se tome nada de lo que le digan como personal. Tanto si lo critican como si menosprecian sus logros, entienda que esto no tiene nada que ver con usted. Se trata de ellos y de sus insuficiencias. Cuando no se toma nada de lo que dicen como algo personal, les quita su poder. Tiene que entender que nada de lo que dicen o hacen tiene que ver con usted.

Entienda que esa no es su energía

Si está constantemente rodeado de energía tóxica, puede pensar que esa es su vibración o que hay algo malo en usted. Esto es un gran problema para las HSP y los empáticos, ya que absorben las emociones de otras personas, por lo que a veces les resulta difícil distinguir sus sentimientos de los de otros. Por esta razón, debe separarse de las energías negativas y entender que no son suyas. hacer esa distinción lo protegerá de que la negatividad de otras personas lo consuma. Esto se hace practicando el autocuidado, del que se hablará en detalle en los próximos capítulos.

Construir relaciones fuertes

Ahora que entiende qué es la energía tóxica, cómo puedes identificarla y protegerse de ella, debe concentrarse en construir relaciones con personas positivas y sanas. Para preservar su energía y proteger su bienestar, debe tomar decisiones conscientes sobre con quién pasa su tiempo. Ya sea con la familia, los amigos, los compañeros de trabajo o las parejas sentimentales, sea exigente con las personas a las que dedica su tiempo. Según varios estudios, cuanto más tiempo pasamos con alguien, más nos parecemos a él. Según el conferencista motivacional Jim Rohn «Somos la media de las cinco personas con las que pasamos más tiempo». Así pues, fíjese bien en sus allegados. ¿Son el tipo de personas a las que quiere parecerse? Quiere estar rodeado de personas que le ayuden a construir, que celebren sus éxitos, que lo apoyen y lo hagan sentir mejor después de pasar tiempo con ellos.

«Dime con quién andas y te diré quién eres» es un famoso dicho bastante acertado. Las personas se contagian unas a otras y, como HSP, siempre debe rodearse de personas mental y emocionalmente sanas para absorber energías positivas. Muchas personas no se dan cuenta del impacto que tienen las relaciones en su salud mental, su psique y su bienestar general. Por lo tanto, concéntrese en la calidad más que en la cantidad. Elija personas que lo inciten a mejorar como persona y su vida. Según un estudio de 2013, las personas que carecen de autocontrol suelen entablar amistad con otras más disciplinadas, que les motivan a aumentar su fuerza de voluntad y establecer hábitos saludables. Así que busque personas que lo motiven a seguir adelante y a alcanzar la mejor versión de usted mismo, en lugar de frenarlo.

Incluso si quiere a una determinada persona o si es de su familia, puede seguirla queriendo desde la distancia si es tóxica y perjudicial para su bienestar. Proteja su tiempo y su energía, y no los desperdicie con personas negativas. No se precipite en amistades o relaciones. Sienta primero su energía y evalúe cómo se siente después de pasar tiempo con ellos. ¿Se siente agotado, o animado? Concéntrese en lo que dicen, cómo actúan, cómo hablan de otras personas, cómo lo tratan, cómo tratan a los animales y cómo lo escuchan. En pocas palabras, preste atención a cada pequeño detalle.

Tómese su tiempo para conocer a alguien antes de decidir si vale la pena invertir su tiempo en una relación o no. Conocer los rasgos de los vampiros energéticos e identificar las energías tóxicas le facilitará la decisión de a quién dejar entrar en su vida y de quién alejarse. Es necesario que construya y mantenga relaciones sanas y sólidas con personas buenas en las que pueda confiar y que saquen lo mejor de usted. Así como estar rodeado de gente negativa puede agotarlo, las relaciones sanas pueden ser muy beneficiosas.

Cómo afectan las relaciones sanas a su bienestar

Necesitamos tener personas con las que conectar en nuestras vidas. Es la naturaleza humana. De hecho, muchos estudios científicos han demostrado que las relaciones sociales pueden mejorar su salud y hacer que viva más tiempo, ya que lo protegen de enfermedades cardiovasculares, hipertensión arterial y pueden acelerar la recuperación del cáncer. Además, otros estudios han demostrado que estar rodeado de personas que lo quieren, lo apoyan y se preocupan por usted tiene un gran impacto en su salud física y mental. Las relaciones saludables también reducen el estrés y le ayudan a encontrar un propósito.

Mejoran su estilo de vida

Cuando está rodeado de gente feliz con un estilo de vida saludable, adquiere hábitos saludables. Las personas que trabajan para ser mejores y mejorar su vida lo influenciarán para que haga lo mismo. Los amigos o compañeros que hacen ejercicio y comen de forma saludable lo empujarán a trabajar en usted mismo y a tomar decisiones para mejorar su estilo de vida.

Reducen el estrés

Tener personas en su vida que lo quieran, lo apoyen y le aporten positividad, reducirá su estrés. Saber que alguien lo respalda lo hará sentir seguro, menos solo, y cambiará toda su perspectiva de la vida.

Aceleran la curación

Según las investigaciones, los pacientes de cirugía cardíaca que tienen parejas que les apoyan se sienten menos ansiosos ante la cirugía y toleran mejor el dolor postoperatorio. Tener relaciones de apoyo en su vida lo motivará a vencer el dolor y las enfermedades porque sabe que no está solo y tiene personas en su vida que ansían que se recupere pronto.

Le ayudan a crecer

A diferencia de los vampiros energéticos que le arruinan la fiesta, las relaciones sanas le animan a perseguir sus sueños. Celebran todos sus éxitos, por pequeños que sean, motivándolo para seguir adelante. Creen en usted, lo que, a su vez, aumenta su confianza y hace que también usted crea en sí mismo. Se arriesgará y crecerá, ya sea en su carrera, en sus estudios o en la vida en general, porque tiene una red de apoyo fuerte que lo sostiene.

Incluso si fracasa, sabe que estarán a su lado para ayudarlo a levantarse y seguir adelante.

Haga de sus relaciones saludables una prioridad, por el bien de su salud mental, física y emocional. Mantenga estas relaciones y fortalézcalas. Como empático, le resultará fácil, ya que usted más que nadie comprende las emociones de los demás y los hace sentirse vistos y escuchados sin juzgarlos. También será comprensivo con sus necesidades. Una vez que encuentre un buen amigo y compañero, trabaje para mejorar ese vínculo y proteger su relación. Los buenos amigos son difíciles de encontrar.

Afirmaciones para relaciones sanas y cariñosas

Para construir y mantener relaciones sanas y afectuosas, debe recordarse a sí mismo la importancia de fortalecerlas a diario. Encontrar las palabras adecuadas lo inspirará a quererse más a usted y a quienes lo rodean.

- Cada día quiero más a mis amigos, familia y pareja.
- Las personas de mi vida me ayudan para ser mejor.
- Confío en las personas de mi vida y puedo compartir todos mis secretos con ellas.
- Soy responsable de mi propia felicidad.
- Me merezco el amor.
- Estoy rodeado de amor.
- En mi vida solo hay espacio para las personas que me apoyan y quieren verme crecer.
- Merezco ser feliz.
- Estoy agradecido por todas las personas que hay en mi vida.
- Soy responsable de cómo me siento.
- Crearé límites saludables.
- Respetaré los límites de los demás.
- Elegiré siempre la amabilidad.
- La comunicación sana es la clave.
- Está bien no tener siempre la razón.

Lista de estrategias para identificar las energías tóxicas

Ahora que llegamos al final de este capítulo, queremos dejarle una lista de estrategias para ayudarle a identificar las energías tóxicas y cómo bloquearlas.

- Se siente emocionalmente agotado o exhausto después de pasar tiempo con ciertas personas.

- Se siente deprimido después de hablar con ellas.

- Siempre piensa en la manera de no encontrarse con ellas.

- Las evita o limita sus interacciones con ellas, aunque no entienda por qué.

- Le da miedo pasar tiempo con ellas, hablar por teléfono o tener breves interacciones con ellas.

- Siente que necesita tiempo para recargarse después de pasar tiempo con ellas, porque le agotan la energía.

- Siente que necesita hablar con un amigo después de un mal día con un vampiro energético.

- Su ego puede sacar lo mejor de usted, y empieza a rebajarse al nivel de ellas, ya sea mediante cumplidos o críticas negativas

- Desarrolla hábitos poco saludables para lidiar con la negatividad, como comer o beber en exceso.

- Se siente estresado e irritado y puede perder la compostura después de estar cerca de ellas durante un largo periodo de tiempo.

- En el fondo, sabe que no se siente cómodo a su lado y que su ambiente no es el adecuado.

- Para bloquear estas energías tóxicas, necesita:

- Establecer límites saludables.

- Mantener la distancia.

- No dejarse arrastrar por su drama.

- Elegir la positividad.

- Practicar el autocuidado.

- Ponerse en primer lugar y aprender a decir «No».

Los empáticos y las HSP deben estar siempre atentos a la energía tóxica, ya que puede arruinar su bienestar. Preste atención a todos los rasgos negativos que hemos mencionado y haga lo posible por limitar sus interacciones con estas personas. Si se siente incómodo cerca de alguien, recuerde que es un empático y que puede no saber por qué capta las vibraciones tóxicas. Confíe en su instinto cuando algo no le parezca bien y aléjese o establezca límites.

Capítulo 5: ¿Qué son los vampiros psíquicos?

Los vampiros psíquicos son individuos que drenan la energía de los demás. Se les llama «vampiros» porque absorben la fuerza vital áurica de las personas o agotan sus emociones sin corresponder al mismo nivel de atención y empatía. Todo el mundo ha drenado involuntariamente la energía de otras personas en algún momento de su vida. La diferencia aquí es que, aunque los vampiros energéticos no son necesariamente conscientes de que dañan a quienes les rodean, lo hacen constantemente.

Las interacciones con los vampiros psíquicos nunca son saludables. Siempre reciben mucha más energía de la que entregan, en cualquier intercambio social. Si leyó el capítulo anterior puede saber lo tóxicos que son estos individuos. Pasar unos minutos con ellos puede dejarlo emocionalmente drenado y agotado.

En este capítulo encontrará los signos reveladores de que una persona es un vampiro energético. Descubrirá cómo operan y atacan. El capítulo también cubre los diferentes tipos de vampiros energéticos y proporciona algunos consejos sobre cómo tratar con cada uno de ellos para proteger su psique.

Las personas altamente sensibles y los vampiros psíquicos

Como HSP, debe comprender por qué corre un riesgo especial de ser herido por un vampiro energético. Además de que su alta sensibilidad lo hace más vulnerable, es más probable que los vampiros psíquicos se dirijan a usted entre un grupo de personas.

Como son «vampiros», necesitan constantemente alguien de quien alimentarse, y no hay mejor objetivo que una persona de buen corazón y compasiva. Ser sensible a las emociones y a los sentimientos de los demás tiene algunas ventajas. Sin embargo, también lo hace más propenso a complacer a los demás y a hacer cualquier cosa para que estén bien, sacrificando muchas veces su propio bienestar. Su gran sensibilidad le permite percibir cuando alguien está necesitado y, por desgracia, los vampiros energéticos son muy buenos interpretando ese papel. Es alguien que escucha y está dispuesto a ofrecer ayuda sin esperar nada a cambio, y eso es exactamente lo que necesitan.

Es la presa perfecta, ya que ofrece su energía sin esperar correspondencia, y ellos no están dispuestos a ofrecer energía de vuelta.

Cómo detectar a un vampiro energético

El primer paso, y el más importante, para enfrentarse a los vampiros energéticos es aprender a identificarlos. No querrá arriesgarse a tomarle cariño a una persona o a invertir una gran cantidad de tiempo, energía y cuidado en una relación antes de darse cuenta de su naturaleza tóxica.

Hay varios tipos de vampiros energéticos a los que hay que prestar atención, algo que trataremos con más profundidad a lo largo de este capítulo. Sin embargo, creemos que antes es útil tener una idea general de sus características y de cómo operan.

Señales reveladoras de que alguien es un vampiro energético

- Los vampiros psíquicos tienden a ser individuos muy negativos. Siempre anticipan lo peor y encuentran los aspectos negativos de cada situación (incluso de las situaciones positivas).

- Son excesivamente críticos. Les encanta criticar a los demás y burlarse de ellos. Esto se debe a su propia falta de autoestima.

- Los vampiros energéticos rara vez asumen la responsabilidad de sus actos. Nunca se hacen responsables de nada.

- Nunca dejan de quejarse. Siempre encuentran algo por lo que enfadarse, ya sea una situación determinada o las acciones y comportamientos de otra persona.

- Siempre se hacen las víctimas y actúan como mártires. Hacen que parezca que todo el mundo los odia.

- Siempre están enredados en dramas: en el trabajo, con los amigos, etc.

- Intentan machacar a los demás para demostrar que son mejores. Los superan y hacen todo lo posible para demostrar que son los más exitosos.

- Necesitan ser el centro de atención. Los vampiros psíquicos hacen que todo gire en torno a ellos y les gusta ser el centro de atención de las salidas, eventos, reuniones, fiestas, etc.

- Son manipuladores. Saben cómo intimidar a los demás y hacerlos sentir culpables para conseguir lo que quieren.

Cuando trata con un vampiro energético, es probable que lo interrumpa cada vez que tenga la oportunidad. Hablan en cualquier conversación y nunca se toman el tiempo de escuchar a los demás. Suelen ser los que difunden chismes en el trabajo o entre los amigos. Cuando termina de interactuar con ellos, se siente desmotivado, decaído, «apagado» y sin energía.

Características de un vampiro energético

Si llega a conocer a un vampiro energético a nivel personal, probablemente notará que posee estos rasgos de personalidad:

- Suelen sentirse abandonados y rechazados. Quizá por eso siempre se hacen las víctimas.

- Necesitan la validación y la reafirmación constante, lo que es un signo de baja autoestima. Pueden sentirse mejor criticando a los demás, superándolos y siendo el centro de atención.

- Nunca están satisfechos. Los vampiros psíquicos luchan contra la falta de plenitud, y por eso se quejan tanto.

- Necesitan ser alimentados. El comportamiento de un vampiro psíquico suele ser el resultado de problemas psicológicos y de una infancia inestable. Es posible que no hayan recibido los cuidados adecuados, por lo que se alimentan de personas muy sensibles y cariñosas.

- Suelen estar cansados y sin energía. Su negatividad les hace vibrar en un nivel bajo.

Cómo operan

Cuando un vampiro psíquico ataca a su objetivo, experimenta un aumento de los niveles de energía. Mientras tanto, su víctima se siente agotada y cansada. Muchas de las personas que se nutren de la energía de otro individuo lo hacen sin querer. El ataque suele producirse cuando el vampiro energético experimenta una falta de energía y busca recargarse.

La mayoría de los vampiros psíquicos tienen problemas mentales, físicos o emocionales con los que lidiar. Sufren por sentirse equivocados o insuficientes, por lo que recurren a otras personas para reponer su fuerza vital. Es importante señalar que estos individuos no son necesariamente malas personas. Aunque sean tóxicos para quienes les rodean, no son conscientes de sus acciones ni de cómo afectan a los demás. A pesar de esto, usted tiene que proteger su energía. No es responsable de ayudarles a «arreglar» su condición, especialmente porque nadie puede ser ayudado si no quiere ayudarse a sí mismo. Además, el objetivo de este libro es ayudarlo a usted, como HSP, a priorizar sus necesidades y a eliminar las energías tóxicas de su vida.

Entonces, ¿cómo reconocer un ataque psíquico?

Lo primero y más importante es que su aura se sentirá perturbada y disminuida. Además de experimentar una pérdida de energía y una fatiga persistente, también puede experimentar trastornos del sueño y confusión mental. Los ataques psíquicos suelen estar acompañados de dolencias y enfermedades físicas, como dolores de cabeza, tensión muscular y mareos. Al interactuar con un vampiro psíquico, es probable que se sienta irritable y experimente un bajón en su estado de ánimo.

Cómo lidiar con los vampiros energéticos

No siempre se puede cortar el contacto con un vampiro energético, especialmente cuando es un compañero de trabajo, su jefe o cualquier otra persona que tiene que ver con frecuencia. Sin embargo, hay algunas cosas que puede hacer para protegerse y decidir hacia dónde dirige su tiempo y energía.

Tomar conciencia de las personas que absorben su fuerza vital le permite ser consciente de sus interacciones con ellas. Puede llevar piedras protectoras y utilizar el poder de la visualización para imaginar un escudo o una burbuja áurica que proteja su energía siempre que esté cerca de ellos. Las técnicas y herramientas de autocuidado y protección que ayudan a mantener y aprovechar la energía se ampliaran en los siguientes capítulos.

Estos son algunos consejos que puede seguir cuando interactúe con un vampiro energético:

- **Respire profundamente y no se preocupe.** No deje que sus palabras le afecten y ocupen su espacio mental. Como HSP, es fácil tomarse las cosas a pecho. Sin embargo, debe recordar que nada de lo que hacen es personal.
- Ser altamente sensible también implica la tendencia de excusar las acciones de otras personas. Debe recordar que **sus comportamientos y palabras no son aceptables.** Excusarlos habilita sus acciones y las permite.

- Como mencionamos en el capítulo anterior, cambie de tema cuando hablen de temas profundos. Siempre es mejor que las conversaciones sean superficiales. Cuando digan algo que no le gusta, intente no reaccionar.

- Recuerde la naturaleza de su relación. ¿Son amigos? ¿Compañeros de trabajo? ¿Con qué facilidad puede alejarse?

- Tómese un momento para poner las cosas en perspectiva. Es fácil que sus palabras lo afecten. Pero antes de permitirlo, ¿sus palabras y acciones son un reflejo de él, o de usted?

- **Conozca su propio valor y su importancia.** ¿Por qué va a permitir que un vampiro energético le absorba la vida cuando puede salir con personas que aprecian su naturaleza bondadosa y compasiva?

Cómo entender a los vampiros energéticos

Los vampiros energéticos están en todas partes. Pueden arruinar nuestras vidas y hacernos daño si no tenemos cuidado con ellos. Pero, ¿a qué se debe esto? La respuesta suele ser el trauma. Las personas que hacen daño a los demás, intencionadamente o no, suelen criarse en entornos inestables. Hay otras razones psicológicas por las que alguien puede agotar la energía de quienes le rodean. Sin embargo, esta es la más común.

El grado de inestabilidad o «vampirismo» que muestran en su edad adulta depende en gran medida de la calidad de su infancia. Cuanto mayor sea el nivel de trauma que hayan experimentado, más intensamente expresarán estos comportamientos. La mayoría de los vampiros psíquicos son así porque tuvieron padres que se comportaron de la misma manera.

Como es probable que hayan estado expuestos al vampirismo emocional mucho antes de desarrollar su mente consciente, es muy posible que no se den cuenta de su trauma. Aunque el individuo no lo capte, su mente subconsciente sí lo hace. Por eso infligen lo que han aprendido o experimentado a quienes les rodean. Este ciclo solo se rompe cuando su mente consciente se hace cargo de lo que está sucediendo.

Otra razón común por la que los vampiros energéticos se comportan así es que ellos mismos están agotados. Todos estamos a menudo agotados, y siempre hay momentos en los que nos sentimos desequilibrados. Para algunas personas, consumir la energía de otros es una respuesta natural. Este repentino aumento de la fuerza vital puede incluso convertirse en una adicción.

Tipos de vampiros energéticos

Los vampiros energéticos pueden dividirse en diferentes tipos. Estamos aquí para ayudarle a entender la diferencia entre los tres tipos más comunes de vampiros energéticos y enseñarle a lidiar con cada uno de ellos.

El vampiro melodramático

Este tipo de vampiro energético carece de toda comprensión de los límites personales. No sabe distinguir lo que puede compartirse con los demás y no es consciente de los límites de sus relaciones. Por ejemplo, puede compartir información muy personal con sus compañeros de trabajo. Los vampiros melodramáticos suelen hacer perder mucho tiempo a los demás. Son muy habladores y a menudo creen que sus relaciones son mucho más fuertes de lo que en realidad son. Suelen ser muy cautelosos y sentir ansiedad frente al rechazo. Por esto no pueden desprenderse de algunas personas o superar relaciones cuando lo necesitan. Se hace difícil para cualquiera alejarse pacíficamente.

Entonces, ¿qué se puede hacer? La comunicación clara y directa es la clave para tratar con estas personas. Tiene que ir al grano, pero ser amable cuando trate con ellos. Cuando toquen ciertos temas con los que no se sienta cómodo, asegúrese de hacérselo saber. También puede utilizar su lenguaje corporal para comunicarse. Por ejemplo, puede levantarse y alejarse para señalar el final de una conversación.

El vampiro egoísta

Al igual que el vampiro melodramático, el vampiro egoísta ocupa gran parte del tiempo de los demás. Sin embargo, lo hace porque cree que tiene derecho a ello. Piensa que lo que tiene por decir es más importante que las ideas de los demás. Estos individuos suelen presumir de sus éxitos y logros. También tienden a «superar» a los demás, a ridiculizarlos y a restarle importancia a sus logros. Los vampiros energéticos egoístas siempre intentan demostrar que son mejores que los demás. Cuando intenta oponerse a ellos o enfrentarlos, afirmarán que es muy sensible y dramático.

Para tratar con ellos, tiene que entender que este comportamiento refleja una carencia en la satisfacción de sus necesidades. Estos individuos suelen tener dificultades para reconocer su verdadero valor. Aunque no es una táctica ideal, es la única forma en que pueden sentirse importantes. Comprender esto le permite establecer los límites adecuados con ellos. No les importa tanto una relación como la validación que pueden recibir de ella. El truco está en encontrar un punto medio. Mientras usted se hace respetar, entregue algo que satisfaga su necesidad de validación. Por ejemplo, si está tratando con una de estas personas en el trabajo, puede decir algo como: «Creo que esta es una gran solución. Sin embargo, teniendo en cuenta nuestros recursos actuales, creo que sería inteligente explorar una opción diferente».

El vampiro dependiente

Los vampiros psíquicos dependientes tienen la necesidad constante de sentirse seguros y asistidos. Siempre se remiten a los demás para que les guíen en la forma de hacer las cosas. Pueden parecer complacientes, porque nunca quieren decepcionar a los demás. También les preocupa que cualquier acción no aprobada obstaculice su relación o el *statu quo* general. Ceder a su necesidad de instrucción y ayuda les hace cada vez más indefensos. Puede resultar muy difícil relacionarse con este tipo de personas, sobre todo porque su comportamiento es bienintencionado. Al fin y al cabo, tienen miedo de decepcionar. Sin embargo, su nivel de demanda puede consumir mucho tiempo y drenar la energía.

Cuanto más les responda e intente ayudarles, peor será. En lugar de dejarlo tranquilo, acudirán a usted siempre que necesiten ayuda o tranquilidad. Necesitan que alguien les diga que lo están haciendo bien. Al interactuar con ellos, debe animarlos a encontrar sus propias soluciones a los problemas. Sea amable y deles una retroalimentación positiva, pero no intente arreglar las cosas por ellos. Su dependencia puede ser frustrante. Intente mantener la calma, porque responder impulsivamente o mostrar agitación puede empeorar las cosas.

Cómo reevaluar sus relaciones

Las relaciones se construyen con base en interacciones e intercambios. Se intercambian palabras, acciones, sentimientos, pensamientos y energías. El trato con los demás puede ir en uno de los dos sentidos. Puede hacer que nos sintamos más felices o elevados, o empeorar nuestro estado de ánimo. Por eso hay que tener mucho cuidado con la forma en la que nos relacionamos. Mantener nuestra salud emocional, mental, física y espiritual debe ser la máxima prioridad. Tenemos que reevaluar nuestras relaciones y determinar qué personas merece la pena mantener en nuestras vidas.

Aquí hay algunas cosas que debe considerar para reevaluar sus relaciones:

- Piense en el inicio de su relación. ¿Era diferente de como es actualmente? Si es así, ¿las cosas están mejor o peor que antes?

- ¿Hasta qué punto puede confiar en esta persona? ¿Es este nivel de confianza apropiado para la naturaleza de su relación? Por ejemplo, cuando se trata de amigos y familiares, debería poder confiarles sus secretos, sus miedos, etc. Si está reevaluando su relación con un compañero de trabajo, determine si puede confiarle asuntos confidenciales, etc.

- ¿La relación le hace sentir valorado, respetado, querido y apoyado? Una vez más, tiene que tener en cuenta la naturaleza de la relación.

- ¿Su tiempo y esfuerzo son recíprocos o unilaterales?

- ¿Puede ser usted mismo cerca de esta persona, o le preocupa que lo critique y juzgue?

Si está seguro de que alguien está drenando su energía, tómese el tiempo necesario para pensar si su relación puede mejorar. Esto le ayudará a determinar si necesita alejarse de esta persona o establecer nuevos límites.

Los vampiros psíquicos están en todas partes. Es probable que se encuentre con al menos un vampiro energético en su vida. Ya sean amigos, jefes, familiares, clientes o compañeros de trabajo, debe encontrar una forma eficaz de gestionar su relación con ellos y de tratarlos. De lo contrario, se sentirá incómodo, ansioso y frustrado siempre que estén cerca. Los vampiros psíquicos pueden incluso disminuir su confianza y autoestima haciéndolo dudar de sus propias decisiones, acciones y capacidades. Aprender las señales reveladoras y comprender cómo operan puede ayudarlo a proteger su energía y a establecer los límites que necesita.

Capítulo 6: Autodefensa psíquica

Ahora que sabe cómo identificar las energías tóxicas, es hora de que aprenda a defenderse de ellas. Este capítulo trata de la autodefensa psíquica y de cómo las HSP pueden utilizarla para vivir una vida más feliz y saludable. La base de la autodefensa es la atención plena, que le permite desarrollar la intuición y lo capacita para activar un escudo energético de protección siempre que sea necesario. Aprenderá a reconocer las situaciones en las que su energía está en peligro de ser drenada o contaminada por los problemas de otra persona. Además, desarrollará un aprecio más profundo hacia usted mismo y hacia los demás sin necesidad de involucrarse en sus problemas.

¿Qué es la autodefensa psíquica?

En términos generales, la autodefensa se define como un acto de protección de uno mismo para que su psique no se vea afectada por la influencia de otra persona. La autodefensa puede ser física, pero en este caso, es la defensa de su salud mental. Para una HSP, practicar la autodefensa psíquica puede ser la diferencia entre vivir una vida plena o esconderse mientras su energía es drenada por otros. Como ha aprendido en el capítulo anterior, los vampiros psíquicos acechan en cada esquina. Esto hace que la aplicación regular de tácticas de autodefensa sea aún más importante. Esto no significa que tenga que percibir estas tácticas como un mal necesario. No debe vivir con el miedo de encontrarse con alguien que le quite la energía o buscarlo para luchar contra él. Solo tiene que aprender a desviar sus intentos cuando se lo encuentre. Así que, en esencia, la autodefensa psíquica es una práctica que le permite perfeccionar sus habilidades defensivas para recurrir a ellas cuando sea necesario.

La atención plena como autodefensa

Esencialmente, la autodefensa psíquica es un poderoso término para la atención plena, que es en lo que debería basarse la protección contra las energías tóxicas. La atención plena se enfoca en las experiencias exteriores con apertura, curiosidad y voluntad de ser lo que se es. Durante esta práctica, su mente se ve obligada a permanecer concentrada, en silencio, alerta y en el presente. Hay que reconocer cualquier juicio o interpretación que pueda producirse durante la sesión y luego desecharlo.

Puede utilizar la atención plena como una forma de autodefensa.
https://unsplash.com/photos/ie8WW5KUx3o

La razón principal por la que se recomienda es que es muy eficaz para evitar que otros corrompan su energía. Cuando está concentrado, mantiene en el primer plano de su mente solo los pensamientos sobre el presente. No se deja distraer por ideas u opiniones, que es lo comúnmente drena su energía.

Lograr la atención plena le permite mantener un alto nivel de energía y utilizarla sin arriesgarse a que se agote. Practicar la atención plena puede prepararlo para un encuentro con un vampiro psíquico, algo que ocurre más a menudo de lo que cree. Todos nos hemos encontrado alguna vez con situaciones en las que nuestra energía se agota antes de que nos demos cuenta.

Los beneficios de la atención plena para las HSP

Una de las dificultades más comunes de una HSP es pensar demasiado en sus acciones. Se preocupa constantemente de si lo que está haciendo está bien y requiere afirmaciones sobre la razón por la que lo está haciendo. Afortunadamente, practicar la atención plena no implica fijarse en todas las ventajas de la técnica, por muy gratificantes que sean. Ni siquiera tiene que concentrar su energía en aprender nuevas habilidades. Solo tiene que trabajar en lo que ya sabe y posee. Esta familiaridad hace que las HSP se sientan cómodas, lo cual es otra ventaja, ya que los cambios pueden resultarles abrumadores. Tanto si ha practicado la atención plena antes como si no, tiene la capacidad innata de vivir en el presente. Solo tiene que aprender a cultivarla y sacarle el máximo partido.

No necesita aprender algo nuevo, pero tampoco tiene que cambiar quién es. Aunque es posible que deba hacer algunos ajustes en su horario y estilo de vida al principio del viaje, no tendrá que convertirse en otra persona. Tampoco funcionaría, ya que a menudo es reacio a dejar de lado las cosas familiares. La atención plena cultiva quién es por dentro y le permite expresar sus deseos y necesidades durante una sesión.

Además de obtener una mayor comprensión, la práctica de la atención plena también permite reducir los niveles de ansiedad, mejorar el rendimiento y experimentar el mundo con nuevos ojos. Esto, a su vez, le aporta bondad, compasión y amor hacia usted mismo y hacia los demás. También puede enseñarle a ser más curioso y a perfeccionar sus habilidades para detectar la energía tóxica. Esto lo beneficia a usted, a sus seres queridos, a sus compañeros de trabajo y a sus vecinos. Además, dependiendo de lo activo que sea en su comunidad, afectará a muchas más personas.

Otro factor con el que puede tener problemas como HSP es el autocuidado. La atención plena transforma su mentalidad de «mis necesidades no importan tanto como las de los demás» en una mentalidad de «reconozco mis necesidades y debo trabajar para satisfacerlas». Y lo mejor de la atención plena es que es independiente de los sistemas de creencias. Es una forma de vivir que puede incorporarse a la agenda de cualquier persona, asegurándose de que satisface sus necesidades.

Como probablemente hace todo lo posible por evitar los conflictos, le alegrará saber que la atención plena reduce eficazmente todo el estrés que le provocan estas situaciones. Este enfoque innovador es muy necesario en este mundo complejo e incierto lleno de deseos y necesidades. Le soluciones eficaces incluso para los problemas que creía irremediables.

Vale la pena mencionar que existe una idea errónea según la cual la atención plena consiste únicamente en utilizar la energía mental para resolver los problemas. Esto a menudo hace que la gente fuerce sus pensamientos en una determinada dirección, preocupándose solo de si lo que está haciendo su cabeza es suficientemente bueno. En realidad, lo primero que necesita para llevar a cabo la práctica es su cuerpo. Sin sus pulmones, no podrá hacer respiraciones tranquilizadoras, un ejercicio introductorio a las técnicas de atención plena. La energía negativa afecta a su cuerpo tanto como a su mente y su espíritu, y a veces incluso más. Al fin y al cabo, su energía también es susceptible a la gravedad, lo que la hace caer desde su cabeza hacia el resto del cuerpo, llevando consigo toda la negatividad. Tomar conciencia de las sensaciones de su cuerpo es la segunda parte del autocuidado que debe trabajar.

Intuición y atención plena

La intuición es el conocimiento que obtiene sin hacer nada para invocarlo. La parte subconsciente de su mente lo genera a medida que examina las experiencias pasadas. A medida que su cerebro se aleja de las experiencias, anota lo que ha aprendido de ellas. Así, cuando no sabe cómo proceder en una situación similar, lo guía automáticamente en la nueva experiencia. Y, de nuevo, procesa y registra cómo han sucedido las cosas sin que usted sea consciente.

La intuición también se denomina corazonada, ya que proviene de lo más profundo de nuestro ser. Le muestra el mejor camino, aunque usted no lo vea así, y por eso a menudo lo ignora. Aquí es donde las prácticas de atención plena resultan útiles. Le animan a entrar en su subconsciente y a escuchar lo que le dice. La intuición es un enfoque único para considerar sus pensamientos, sentimientos y acciones.

No todo el mundo confía en su intuición con regularidad. Algunos pueden aceptar cualquier cosa que les diga su instinto como una verdad absoluta, mientras que otros prefieren la reflexión deliberada. Además, la mencionada capacidad de almacenar información sobre experiencias pasadas también varía entre las personas. El cerebro de algunos puede archivar información mucho más compleja que el de otros. Algunos simplemente tienen muy pocas vivencias de las que aprender, lo que genera que su cerebro no pueda comparar las nuevas experiencias con las anteriores.

Afortunadamente, una HSP no tiene ningún problema para procesar las cosas profundamente, porque su cerebro se concentra en cada pequeño detalle. Esta es una ventaja considerable que debe aprovechar absolutamente cuando aprenda autodefensa psíquica. Escuchar su voz interior tiene mucho más sentido, porque su subconsciente tiene una base de datos más extensa con la que trabajar. Sin embargo, ser sensible a los sentimientos de otras personas puede hacer que pierda el contacto con esta guía intuitiva. O bien no se da cuenta de que está ahí, o la ignora por completo, independientemente de cuántas experiencias similares haya tenido. Dejarse influenciar por la energía de otra persona (o que la propia sea absorbida) a menudo conduce a la confusión. Puede pensar que los demás saben más o que tiene que estar de acuerdo con ellos para mantener sus relaciones. De todos modos, esa voluntad es inútil porque, por mucho que lo intente, nunca podrá complacer a todo el mundo.

Como HSP, escuchar la propia intuición es increíblemente beneficioso, y no solo porque le diga lo que tiene que hacer. Escuchar esos mensajes es fundamental por muchas razones. La intuición, de hecho, actúa como un ancla emocional, permitiéndole ordenar sus sentimientos e impulsos e identificar lo que no es suyo. También puede ver que la solución que intenta aplicar a un problema que tomaba como suyo no funciona porque en realidad está asumiendo los problemas de alguien más. Y porque su mente está en constante parloteo, incluso si no se está ocupando de los problemas de otra persona. Una práctica de atención plena dirigida a despertar su intuición le aportará paz y felicidad.

Pero, ¿cómo pueden las HSP aprovechar la intuición? La respuesta es bastante sencilla. Está constantemente interactuando con su entorno, incluso con las personas con las que vive o trabaja. La mayoría de las veces, necesita cambiar la dirección en la que se desarrolla su relación. Y su voz interior le indica qué camino debe seguir. Como puede ver, cuando está plenamente desarrollada, la intuición es una herramienta eficaz. Pero para que esto ocurra, tendrá que practicar la atención plena a diario.

Hay varios puntos de contacto entre la atención plena y la intuición; aquí están algunos de los más importantes:

- **Estar presente:** Como ya hemos mencionado, el núcleo de todo ejercicio de atención plena es centrar la mente en el tiempo presente. Tanto si lo persiguen experiencias negativas del pasado como si teme a un acontecimiento futuro, su mente es bombardeada por un mar de pensamientos que lo distraen y que no puede controlar. Estos pensamientos y sentimientos provocan estrés, que a su vez conlleva al bloqueo de su intuición. Si se vuelve consciente y se conecta con el presente, protege su intuición.

- **Comprenderse a usted mismo:** Aprender a reconocer su intuición no es fácil. No se conoce lo suficientemente bien como para saber si podrá alejarse de un vampiro energético o no. La atención plena le permite explorar los rincones más profundos de usted mismo y desarrollar sentimientos positivos hacia ellos. A medida que conoce sus cualidades, empieza a apreciarlas y se potencia su amor propio, su amabilidad y mucho más. Entender dónde están sus valores permite a su instinto guiarlo hacia caminos alineados con esos valores.

- **Aprender a confiar en usted mismo:** Después de pasar tanto tiempo sometido a la energía de los demás, es difícil que confíe en usted mismo para no volver a caer bajo este hechizo. Lo bueno de desarrollar su intuición es que sabe que viene de una fuente de confianza. Aunque se basa en el uso de su intuición en lugar de su mente, su cerebro sabe que ya ha tomado esas decisiones antes (y que fueron correctas), por lo que puede volver a confiar en ellas.

Todos estos beneficios se pueden conseguir a lo largo del viaje de atención plena. Pero debe estar preparado para escuchar muy atentamente y reconocer esa voz interior. Esto puede llevar algún tiempo, así que no se desanime si no ocurre de inmediato. Al igual que con otras habilidades, el poder de la intuición puede perfeccionarse, y usted debería hacerlo. El conocimiento intrínseco que su mente archiva solo le ayuda hasta cierto punto. Su mente necesita retroalimentación para comparar una experiencia presente con otra anterior. Ser una HSP tiene ventajas en esa área, pero no garantiza que tenga éxito si no entrena su mente para responder correctamente a una crisis energética.

Utilizar un escudo energético

Otra razón para practicar la atención plena es que le enseña a utilizar un escudo energético. Aunque no invitar a una persona con energía tóxica a su espacio es una forma segura de protegerse, esto no siempre es una opción. Al fin y al cabo, no puede dejar de tener contacto con un familiar cercano que depende de usted o con el que tiene un estrecho vínculo emocional. Tampoco puede abandonar un lugar de trabajo sin tener otra opción preparada simplemente porque uno de sus compañeros es un vampiro energético. Por lo tanto, la mejor manera de defenderse de los vampiros psíquicos es ponerse en guardia y protegerse. Recuerde que se trata de personas que drenan la energía vital para cambiarla por la suya. Sin embargo, a menudo lo hacen sin siquiera ser conscientes de ello, por lo que enfrentarlos no es una solución viable. Su energía puede estar contaminada por la negatividad que arrastran debido a problemas mentales o físicos. Como HSP, usted es muy susceptible a estas energías, y puede adoptarlas sin siquiera darse cuenta. La incapacidad de la otra persona para lidiar con sus problemas se convierte en su problema, y ni siquiera entiende lo que está sucediendo. Tomar conciencia de esa energía tóxica es el primer paso para entender cómo protegerse.

La segunda solución es aprender a poner una barrera, para que los efectos del ataque sean menos dañinos. Practicar la atención le ayuda a desarrollar este escudo, canalizando su energía para visualizar la situación de otra manera. Hay muchas formas de levantar esta capa protectora entre usted y la fuente de energía tóxica. Visualizar su escudo como un campo de luz de colores a su alrededor es una de las más utilizadas. Se basa en la teoría de que los colores vibran en frecuencias diferentes, por lo que la frecuencia en la que usted vibra en un momento determinado está representada en los colores de su escudo energético. Aunque esto puede parecer una tarea sencilla, es bastante difícil si no se está familiarizado con las técnicas de atención plena. A diferencia de cualquier otro método de defensa que aproveche energía externa al cuerpo, este se basa en el uso de su propia fuerza de voluntad y en hacer lo que le parezca correcto. En pocas palabras, debe seguir su instinto, lo que nos lleva de nuevo al rol de la atención plena en el desarrollo de la intuición. Todos los factores están interconectados: la atención plena, las corazonadas y los escudos protectores. Aunque la práctica de la atención plena se considera un primer paso, desarrollarla le hará mejorar en los otros aspectos. Tener una intuición fuerte le ayudará a utilizar la protección de forma más eficaz.

Puede indicarle cómo y cuándo sacar un escudo y de qué tamaño debe ser. A veces, la energía contaminada de una persona afecta a los objetos que la rodean. Si usted, como HSP, pasa muchas horas rodeado de esos objetos, corre el riesgo de que su energía sea absorbida a través de ellos. En este caso, su escudo debe extenderse también a esos objetos para mantenerlo a salvo.

Recuerde que los escudos pueden perder sus poderes, especialmente si se encuentra en una situación estresante que sea nueva para usted. Esto puede hacer que su energía se agote, y que la protección desaparezca después de dos o tres horas. Sin embargo, en un entorno relajado, el escudo probablemente se mantendrá fuerte durante una jornada laboral promedio. Por esto, es una buena idea restablecerlo de vez en cuando, practicando de nuevo los ejercicios de atención plena. Esta es también una buena manera de mantenerse calmado en un entorno estresante, que, para una HSP, puede ser aún más difícil de soportar.

Reflexiones finales

La autodefensa psíquica consiste en protegerse de la energía tóxica que lo rodea. Utilice la atención plena, o un estado mental abierto en el que se concentre en canalizar sus pensamientos y su energía hacia lo que es importante para usted, en lugar de lo que necesita otra persona. La mejor manera de aplicarlo es contra los vampiros psíquicos, con los que se relaciona habitualmente y a los que no puede evitar. Aprender a tratar con estas personas es un reto especial para una HSP, ya que requiere mucha voluntad y disciplina. Asegúrese de practicar la atención plena con regularidad, dedicando el tiempo suficiente a desarrollar la protección que necesita. Aprender a escuchar su instinto cuando necesita levantar un escudo protector de energía también le enseñará la importancia de ser paciente y de trabajar por sus objetivos.

Capítulo 7: Autocuidado y establecimiento de límites

En los capítulos anteriores hemos hablado de las energías tóxicas y de los vampiros energéticos. Estas personas están a nuestro alrededor, ya sean familiares, amigos, compañeros de trabajo o incluso nuestras parejas. Como se ha mencionado, las HSP y los empáticos son más propensos a ser afectados por las energías tóxicas. Por esta razón, es necesario practicar el autocuidado y establecer límites para protegerse de la negatividad.

Por desgracia, muchas personas no practican el autocuidado. Dicen que no tienen tiempo para ello. Están ocupados con su carrera, estudiando o cuidando de sus hijos. Existe la idea errónea de que tomarse un tiempo para uno mismo es egoísta o un lujo que no todo el mundo puede permitirse. Hay que entender que el autocuidado no es algo extravagante como tomarse unos días libres y volar a París (aunque, si se lo puede permitir, hágalo). Se trata de hacer lo que lo hace feliz y lo relaja, aunque sea ver la nueva temporada de su serie favorita. En pocas palabras, haga lo que le gusta, lo que lo hace sonreír y sentirse bien. El autocuidado es diferente para cada persona, así que lo que funciona para algunos puede no funcionar para usted.

El autocuidado es una necesidad, no un capricho. Cuando se cuida, su salud física, mental y emocional mejora, y otros aspectos de su vida también florecen. Es vital para todos, especialmente para las HSP. Estar expuesto a energías tóxicas es agotador, por lo que debe tomarse un tiempo cada día para recargarse y darle relación a su cerebro. Pasar todo el día absorbiendo las energías de otros y lidiando con la negatividad es agotador. Puede afectar su salud, su rutina de sueño y provocar diversos problemas de salud mental, como ansiedad y depresión. Asignar un tiempo al día para el autocuidado hará maravillas en su salud mental. Las prácticas de autocuidado incluyen el ejercicio, la meditación, la alimentación saludable, el buen sueño y las relaciones fuertes y positivas. Se trata de tener hábitos saludables, un estilo de vida sano y rodearse de gente positiva.

Como empático, proteger su energía debería ser su prioridad número uno. Si no protege su energía, los vampiros seguirán «chupándola» hasta que no quede nada. Estará demasiado cansado para hacer cualquier cosa, y todos los aspectos de su vida sufrirán las consecuencias. Sin embargo, esto no tiene por qué ocurrir cada vez que esté cerca de personas negativas. Practicar el autocuidado lo protegerá del agotamiento. Empezará a sentirse con energía y concentrado; su estado de ánimo mejorará, podrá pensar con claridad y notará una mejora en todos los ámbitos de su vida.

Probablemente se imagine tomando un baño, meditando o practicando yoga cuando piensa en el autocuidado. Sin embargo, si tiene personas tóxicas a su alrededor, establecer límites también es autocuidado. Tener límites saludables le ayuda a proteger su energía. Actúan como escudos que mantienen fuera la negatividad y la toxicidad. Los límites evitan que se sienta agotado y abrumado. Para la mayoría de las personas es más fácil distinguir entre su energía y la de los demás. Sin embargo, esto puede ser muy difícil para los empáticos, ya que son esponjas que absorben las emociones de los demás. Los límites le permiten separar sus energías y emociones de las de los demás.

Los límites le dan poder contra los vampiros energéticos. Debido a su naturaleza sensible y empática, puede resultarle difícil establecerlos. Naturalmente, teme herir los sentimientos de los demás, por lo que es reacio a decir que no o a frenar sus avances. Sin embargo, no debe sentirse culpable por cuidar de usted mismo. Los vampiros energéticos son personas tóxicas y, como ya se ha dicho, usted no puede cambiarlas ni arreglarlas. Si no establece límites, estas personas seguirán tomando y absorbiendo de usted hasta que no quede nada.

Es probable que algún amigo o familiar le haya dicho que tiene que «poner límites». Sin embargo, como persona sensible que antepone las necesidades de los demás a las propias, puede sentir que los límites van en contra de su naturaleza sensible. Tiene que entender que esto no es egoísta, grosero o cruel, sino muy saludable, y la mayoría de la gente lo hace. Le da poder y control sobre su vida.

Entender los límites

Para entender la importancia de los límites, primero tiene que saber qué son. En términos sencillos, piense que es una línea imaginaria que traza entre usted y los demás, y que nadie puede cruzar. Básicamente, está estableciendo reglas sobre lo que está dispuesto a aceptar y lo que no. Esto le ayuda a mantener su energía y a sentirse cómodo en sus relaciones. Tener límites saludables lo protege de las personas negativas. Podrá decir «no» a cosas con las que no se sienta cómodo, como una cena familiar en la que estará su primo tóxico, que disfruta hundiendo a todo el mundo, o contestar al teléfono cuando llame su amigo negativo que no para de quejarse.

Según la Asociación Canadiense de Salud Mental, establecer límites saludables lo protege de las personas que se pasan de la raya con sus exigencias y del control que los individuos tóxicos tienen sobre usted. Varios estudios han demostrado que la falta de límites puede hacer que se sienta resentido, menos feliz y agotado. Además, otro estudio ha demostrado que establecer límites puede mejorar su bienestar y hacerlo sentir más fuerte. Los límites saludables aumentan su autoestima, le dan un sentido de respeto por usted mismo y hacen que los demás también lo respeten.

Debe establecer límites con su familia, sus amigos, su pareja y sus compañeros de trabajo. Los límites no consisten siempre en decir que no o en mantenerse distanciado de la gente; esto no es saludable. Los límites consisten en comunicar a las personas lo que va a tolerar y lo que no, y en rechazar la negatividad. Así, cuando un buen amigo le pide ayuda para mudarse y usted tiene tiempo, puede decir que sí, ya que es algo que está decidiendo en sus propios términos. Sin embargo, si alguien tóxico le pide que lo deje todo para llevarlo al aeropuerto, decir que no es la forma de poner límites. En pocas palabras, no aplique los mismos límites con todo el mundo. Tenga distintos límites y asegúrese de establecer unos muy claros con las personas negativas que lo rodean.

Poner límites es para usted y para su bienestar. No piense en cómo se sentirán o reaccionarán los demás cuando se elija a usted primero. No es egoísta, ya que es una forma de cuidado personal. ¿Se siente culpable cuando medita o hace ejercicio? Es igual. Está cuidando de usted mismo y protegiendo su energía de las personas que perjudican su salud mental y emocional.

Autocuidado y bienestar

La vida no siempre es fácil. Está llena de estrés y preocupaciones. Necesita ser fuerte mental, emocional y físicamente para afrontar lo que le depare. Nuestra energía es lo que nos permite manejar todo en la vida, lo positivo y lo negativo. El autocuidado puede tener un gran impacto en su bienestar porque reduce sus niveles de estrés, lo relaja y mejora su bienestar emocional. También aumenta su autoestima, mejora su estado de ánimo y enriquece sus relaciones. Esto, a su vez, tendrá un gran impacto en su salud física.

Por ejemplo, si se relaciona con una persona negativa en el trabajo, volverá a casa exhausto y agotado. No podrá hacer ninguna tarea ni tendrá energía para sentarse a compartir con su familia. Si deja que esta sensación lo domine sin hacer nada, las cosas empeorarán y, al final, no tendrá energía para levantarse de la cama. Por otro lado, las prácticas de autocuidado, como la meditación, le ayudarán a recargar su energía. Tomarse unos minutos al día para estar sentado en un lugar tranquilo y ser consciente del momento presente calmará su cerebro y le ayudará a recargarse. La meditación también le ayudará a reducir el estrés y le permitirá concentrarse en el aquí y el ahora, lo que hará que su energía vuelva a estar al 100 %.

Cómo incorporar el autocuidado a la rutina diaria

Ahora que comprende la importancia del autocuidado para proteger su energía y mejorar su bienestar, debe aprender a incorporarlo a su rutina diaria.

Elija la práctica de autocuidado adecuada para usted

Si decide hacer ejercicio todos los días y odia las actividades físicas, lo sentirá como un castigo en lugar de una forma de autocuidado. Así que anote todas las actividades que le gustan y lo relajan. Una vez que tenga una idea de lo que quiere hacer para desconectar, puede incorporarla a su rutina.

Despiértese temprano

La forma de empezar el día marcará la pauta para el resto de la jornada. Probablemente se despierte, se vista y vaya al trabajo, y si tiene hijos, atiende primero a sus necesidades. Le sugerimos que se levante treinta minutos antes cada día para practicar el autocuidado. Ya sea para meditar, escribir en su diario, hacer ejercicio o practicar yoga, necesita un poco de paz y tranquilidad para cuidarse sin distracciones. Así pues, haga que levantarse temprano se convierta en un hábito y tómese unos minutos cada mañana para recargarse y relajarse.

Establezca objetivos realistas

Establecer objetivos realistas evitará que se sienta desanimado y lo motivará a seguir adelante. Por ejemplo, si se plantea empezar a hacer ejercicio durante una hora todos los días y no puede hacerlo, se quemará, lo que arruinará el propósito del autocuidado. Empiece poco a poco y aumente el tiempo de forma gradual.

Tome descansos

No tiene que esperar a llegar a casa para practicar el autocuidado. En lugar de comer en la oficina, aproveche la pausa del almuerzo para dar un paseo. Esto mejorará su estado de ánimo y lo hará sentir renovado.

Compruébelo usted mismo

Fije un límite de un mes después de incorporar el autocuidado. ¿Funciona lo que está haciendo? ¿Se sientes mejor que cuando empezó, o igual? ¿Se siente con energía después de cada práctica? Si la respuesta es «sí», entonces lo que está haciendo funciona, así que siga adelante. Si la respuesta es «no», tendrá que hacer algunos cambios, como elegir otras prácticas.

Utilice la tecnología

Aunque la tecnología, como las redes sociales, puede jugar un papel importante en el drenaje de su energía, también tiene sus ventajas. Puede utilizar diferentes aplicaciones para crear una rutina de autocuidado, como una aplicación de entrenamiento con ejercicios sencillos para hacer en casa, una de meditación guiada o una para recordarle que debe beber agua. Sea cual sea la práctica de autocuidado que elija, lo más probable es que encuentre una aplicación para ella.

Cómo priorizar el autocuidado como una HSP

Al igual que establecer límites, el autocuidado para las HSP puede no ser tan fácil debido a su naturaleza. Las HSP se sienten fácilmente abrumadas no solo por las energías y las emociones, sino por cosas aparentemente simples como los olores o los sonidos. También están siempre preocupados, ya que sienten todo profundamente. A diferencia de la mayoría de las personas, tendrá que esforzarse más para calmar sus pensamientos, relajarse y restaurar su energía. Como hemos mencionado anteriormente, si no se cuida, su bienestar se verá afectado.

Por esta razón, debe dar prioridad al autocuidado. Piense en su energía como la batería de su teléfono. Si no la recarga cada día, ¿qué pasará? Su teléfono acabará muriendo. Tiene que tomar una decisión e incorporar el autocuidado a su rutina diaria. Decida que usted mismo es su prioridad y no deje que nada ni nadie (especialmente los vampiros energéticos) lo desanime.

Tal vez piense: ¿cómo puedo dar prioridad al autocuidado si no tengo suficiente tiempo? Lo crea o no, tiene tiempo. Simplemente no considera el autocuidado tan importante como llevar a sus hijos al entrenamiento de fútbol o terminar su trabajo antes de la fecha de entrega. Comprenda que usted no es solo el padre de alguien o el empleado de una oficina. Encuentre su propia identidad y averigüe quién es. ¿Quién es usted sin una familia a la que cuidar o un trabajo al que acudir? Una vez que se vea a sí mismo como un individuo que necesita cuidado, entenderá sus propias necesidades y empezará a trabajar en usted mismo. Comprenda que no existe para cumplir un papel en las historias de los demás; es el protagonista de la suya y debe ser tratado como tal.

Trátese con la misma amabilidad con la que trata a los demás. Sea comprensivo con sus propias necesidades. Lo más importante es que sepa que, al igual que en los límites, no hay nada egoísta en el autocuidado. De hecho, puede beneficiar a las personas de su alrededor, ya que le dará la energía necesaria para cuidar de ellas también. Así pues, encuentre tiempo para usted y dele prioridad en su vida.

No permita que los vampiros energéticos interfieran en su tiempo de descanso. Por ejemplo, su amigo tóxico puede querer que le ayude a mudarse, pero usted está agotado y necesita un descanso. Es posible que lo haga sentir culpable para que le ayude y, como HSP, puede que sea incapaz de decir «no» porque siente que sus necesidades son la prioridad. Cuando se preocupa por su bienestar y comprende lo vital que es tomarse un tiempo para usted, le será imposible renunciar a ese tiempo por nada ni por nadie. Sin embargo, ¿qué ocurre si su amigo tóxico sigue interfiriendo en su rutina de autocuidado? Pues bien, aquí es donde entra en juego el establecimiento de límites saludables.

Cómo establecer límites si es una HSP

Establecer límites es una de las formas más importantes de autocuidado porque le da poder y control sobre su tiempo y energía.

Identifique sus límites

No puede establecer límites sin identificar primero cuáles son. La razón principal por la que establece límites es para proteger su energía. Por lo tanto, debe averiguar primero qué lo agota y lo hace sentir incómodo para establecer los límites adecuados. También debe determinar qué tolerará y qué no tolerará.

Comience con algo pequeño

Si es la primera vez que establece límites, debería empezar por algo pequeño, para no agobiarse ni sentir culpa. Por ejemplo, si tiene un amigo tóxico que lo llama constantemente para quejarse, intente limitar sus interacciones con él. No tiene que decir que sí cada vez que le pidan verse. Además, no responda a sus llamadas cuando esté agotado u ocupado. Simplemente envíele un mensaje para hacerle saber que no tiene ganas de hablar y que lo llamará más tarde. Esto le ayudará a conseguir valor para establecer límites claros y decir «no» a cualquier cosa que le incomode.

Evite los «quizás»

A veces, a una HSP le cuesta decir «no», porque evita la confrontación y molestar a los demás. En lugar de eso, dicen «tal vez». Cuando se trata de límites, no existen los «quizás» ni las zonas grises. Debe ser claro sobre lo que quiere y lo que no quiere. Las personas tóxicas se aprovecharán de su reticencia y convertirán el «tal vez» en «sí». Elija lo que elija, asegúrese de que es lo que quiere.

Acepte su sensibilidad

Abrazar su sensibilidad le hará ser más consciente y aceptar sus puntos fuertes y débiles. De este modo, podrá establecer límites teniendo en cuenta esta información. Por ejemplo, si las películas de miedo le resultan perturbadoras, diga «no» cuando su amigo le proponga ver una. No luche contra su naturaleza solo para complacer a alguien. Lo mismo ocurre con los vampiros energéticos. Comprender que estas personas tienen un impacto negativo en usted debido a su sensibilidad lo motivará a establecer límites y a respetarlos.

Siga su instinto

Hemos mencionado en un capítulo anterior que a veces las energías tóxicas se sienten sin que la persona haga algo específico. Simplemente usted percibe una vibración que lo hace sentir incómodo. En este caso, no espere pruebas y siga su instinto. Cuando se encuentre con alguien que emite malas vibraciones, ponga límites inmediatamente.

El «no» es una frase completa

«No» significa «no». Establecer límites es ser capaz de decir «no» sin tener que dar explicaciones o sin que lo obliguen a cambiar de opinión. Como HSP, usted puede ser reacio a decir «no» para evitar la confrontación o herir los sentimientos de otras personas. Sin embargo, nunca debe hacer algo que no quiera, y no tenga miedo de defenderse. La mayoría de las personas entenderán y respetarán sus decisiones. No se enfadarán ni le darán importancia. Los tóxicos, en cambio, utilizarán la culpa y la ira cuando se niegue a sus exigencias, pero usted no debe ceder y debe aclarar que «no» es una frase completa.

Cortar con la gente

En casos graves, puede que tenga que cortar sus relaciones con los vampiros energéticos. Si no respetan sus límites y son peligrosos para su salud mental, debe priorizar su bienestar y decir adiós. Puede hablar con ellos primero, pero, como ya hemos dicho, no puede cambiar a las personas. Así que, en lugar de seguir en una relación o una amistad que lo agota, simplemente aléjese. Sin embargo, si esta persona es un familiar cercano o su jefe, debería limitar sus interacciones con ella tanto como pueda.

Actividades de autocuidado
Tomar un largo baño.
Ir de compras.
Beber su taza de café favorita por la mañana y disfrutar su sabor.
Practicar yoga.
Limitar su tiempo en las redes sociales.
Evitar los lugares agobiantes y las personas tóxicas.
Hacer algo divertido (como jugar videojuegos o bailar).
Comer su comida favorita.
Pasar tiempo con su mascota.

Practicar la gratitud.
Pintar.
Leer.
Viajar.
Pasar tiempo con personas positivas y optimistas.
Dormir bien por la noche.
Ser consciente de sus sentimientos a lo largo del día.
Desacelerar y aprender a vivir disfrutando el momento presente.
Establecer límites.
Programar tiempo cada día para practicar su actividad favorita.
Dedicar un tiempo para recargarse.

Límites saludables

- Diga «no» si no quiere hacer algo.
- Sea firme cuando se trata de sus límites.
- Proteja su espacio personal.
- Comunique sus límites.
- Entienda sus límites.
- Entienda que no puede arreglar a los demás.

- No acepte la culpa de situaciones que no son su culpa.
- Establezca límites desde el principio de sus relaciones.
- Limite su comunicación con las personas tóxicas.
- Establezca límites físicos (deje claro que no le gustan los abrazos o el contacto físico).
- Establezca límites sexuales (como pedir a su pareja que utilice un preservativo o expresar lo que le agrada y lo que no).
- Cree límites materiales (no debería decir que sí si se siente incómodo prestando dinero o su coche).
- Límites emocionales (comunique sus sentimientos y asegúrese de que se respetan, como enviar un mensaje de texto a un amigo cuando lo llame y explicarle que no tiene ganas de hablar ahora, pero que le llamará más tarde).
- Asegúrese de que se respetan sus pensamientos, ideas y opiniones, incluso si la otra persona no está de acuerdo con ellos.
- Proteja su tiempo (no tiene que decir que sí a todas las invitaciones o responder a todas las llamadas si no le apetece).
- Aléjese cuando no se respeten sus límites.

Recuerde que siempre debe ser firme, pero amable, al establecer los límites, y que puede distinguir entre los vampiros energéticos y sus amigos o familiares que simplemente llaman para decir «hola» o que necesitan un favor.

Capítulo 8:
Caja de herramientas para proteger su energía

Este capítulo habla de las diferentes herramientas que puede utilizar para proteger su energía. Al igual que algunas actividades y técnicas pueden protegerlo de la negatividad, hay herramientas que cumplen la misma función. Aunque la energía no se puede ver, se sabe que ciertas herramientas purifican y limpian la energía negativa para que solo lo rodeen las vibraciones positivas. Algunas de estas herramientas son:

- Aceites esenciales que puede usar para masajes o como ingredientes en baños. Estos aceites son conocidos por ayudar a la relajación y mejorar su estado de ánimo.

- Cristales que puede colocar en su casa, llevar en el bolsillo o en el bolso, o colgar del cuello.

- Añadir sal al agua del baño.

- Quemar salvia seca.

- Hacer sonar campanas de mano por toda la casa.

- Alimentos como el limón, la canela y la cúrcuma pueden absorber la energía negativa.

Los aceites esenciales son excelentes para la relajación.
https://unsplash.com/photos/jbjmimlaC-U

Actividades para implementar en su rutina diaria

En el capítulo anterior, le dimos una idea de cómo incorporar el autocuidado en su rutina diaria. Ahora, hablaremos de algunas de las actividades que puede hacer cada día para protegerse de las energías negativas como HSP.

Meditación

La meditación es una práctica en la que se sienta en una posición cómoda en un lugar tranquilo, se queda quieto y se concentra en su respiración. El propósito de la meditación es mantenerse centrado y consciente del momento presente, y tiene un gran impacto en el bienestar mental y emocional.

La meditación también protege su energía y evita que la negatividad lo afecte. Debe incorporarla a su rutina diaria hasta que se convierta en un hábito, y la mejor manera de conseguirlo es asignándole un tiempo diario. Solo necesitará de diez a veinte minutos, así que acostúmbrese a despertar veinte minutos antes. Limítese a meditar por la mañana, ya que quizás es el único tiempo libre que tiene en todo el día. La mayoría de la gente está ocupada con el trabajo o los niños a lo largo del día. Es posible que por las tardes esté ocupado o demasiado agotado y solo quiera irse a la cama.

Si las mañanas no son una opción, programe cualquier momento del día. Solo asegúrese de cumplirlo. Si es la primera vez que practica la meditación, puede empezar poco a poco. Practique durante cinco minutos y aumente el tiempo a medida que se sienta cómodo. También puede utilizar aplicaciones que lo guíen en su meditación y le recuerden cada día que debe practicar.

Haga ejercicio

El ejercicio ayuda a proteger su energía.

Otra actividad que le ayudará a proteger su energía es el ejercicio. Al igual que la meditación, empiece por algo pequeño, especialmente si no es una persona activa. Empiece con ejercicios sencillos como el yoga, el baile o salir a caminar. Debe elegir algo que disfrute para hacerlo todos los días. No se queme eligiendo ejercicios pesados o practicando durante largos periodos de tiempo. Puede empezar con quince o veinte minutos cada día e ir subiendo a partir de ahí. También le ayudará encontrar un amigo con el que hacer ejercicio para motivarse mutuamente. Intente escuchar música o hacer ejercicio en un entorno ameno para que la experiencia sea más agradable.

Añada el ejercicio a su rutina diaria programando tiempo para ello y manteniéndolo.

Dar largos paseos por la naturaleza

Estar cerca de la naturaleza es una forma segura de sentirse recargado y relajado. Debe pasar tiempo al aire libre todos los días. Sin embargo, ir al trabajo y quedarse atrapado en el tráfico no cuenta. Debe estar en la naturaleza para disfrutar de un poco de paz y tranquilidad. Levántese treinta minutos antes cada día y dé un paseo por cualquier espacio verde cercano, como un parque, un bosque o su jardín.

Si quiere practicar todas estas actividades, le sugerimos que haga ejercicio o salga a caminar antes de la meditación. Es mejor meditar después de las actividades físicas para obtener más beneficios.

Herramientas para proteger y nutrir su cuerpo

Cuando cuide su cuerpo físico, su salud mental y emocional prosperará. Las siguientes herramientas tendrán un gran impacto en su salud física:

Hidratación

Nadie puede negar la importancia de beber suficiente agua. El agua es beneficiosa para el cuerpo, los órganos y la piel. Según la Dra. Lindsay Baker, científica del Instituto de Ciencias del Deporte de Gatorade, puede estar hidratado cuando bebe otros líquidos como zumos, café o té y come frutas y verduras con mucha agua. Sin embargo, la mejor opción y la más sana es siempre el agua.

El agua le hará sentirse con energía, evitará las migrañas causadas por la deshidratación, mejorará la digestión, desintoxicará el cuerpo de sustancias nocivas, mejorará la salud del corazón y le ayudará a perder peso o controlarlo. Aumenta el metabolismo y reduce el hambre. También previene los cálculos renales, reduce el dolor de las articulaciones, previene los golpes de calor y ayuda a regular la temperatura del cuerpo. Según un estudio de 2015, beber suficiente agua cada día cumple un gran papel en la mejora de la salud de su piel. Otro estudio que tuvo lugar el mismo año demostró que la deshidratación puede causar estreñimiento en los ciudadanos de edad avanzada.

Un estudio realizado en 2011 demostró que no beber suficiente agua puede afectar a la concentración y al estado de ánimo. Por lo tanto, asegúrese de beber más de dos litros de agua al día si es mujer, y más de tres litros si es hombre. Puede beber más en épocas de calor, si es más activo o si padece alguna enfermedad que provoque deshidratación.

Alimentación saludable

Seguramente ya le han dicho que vigile lo que come. Muchos de nosotros llevamos una vida muy ajetreada, por lo que no tenemos tiempo para preparar comidas saludables y, en su lugar, consumimos comida chatarra y poco saludable. Sin embargo, la comida chatarra no tiene ninguno de los nutrientes que su cuerpo necesita. Puede cumplir un capricho de vez en cuando con su pizza o su perro caliente favorito, pero consuma comida saludable con regularidad. La comida saludable incluye alimentos como la fruta, la verdura, los lácteos, las proteínas y los cereales. Contienen todos los minerales, grasas saludables y vitaminas que su cuerpo necesita para tener energía, mejorar su inmunidad y prevenir el aumento de peso.

Según un estudio publicado en el American Journal of Epidemiology, comer cereales integrales a diario puede ayudarle a vivir más tiempo, ya que disminuye la tasa de mortalidad en un 10 %. Un estudio de 2015 demostró que consumir pescado, frutas y verduras puede mejorar su memoria. Además, comer alimentos saludables hace que sus uñas se fortalezcan y su piel brille.

Salvia

Salvia.

Mokkie, CC BY-SA 3.0 https://creativecommons.org/licenses/by-sa/3.0/, vía Wikimedia Commons: https://commons.wikimedia.org/wiki/File:Sage_(Salvia_officinalis).jpg

La salvia es una hierba de la familia de la menta. Sus hojas son de color verde grisáceo y ovaladas. Es muy popular por su sabor terroso y su fuerte aroma, y se usa en diversas recetas. Se puede comprar fresca o seca. Además de sus beneficios para proteger su energía, la salvia puede ser muy beneficiosa para su salud.

La salvia contiene vitamina K, que favorece la salud de los huesos. También contiene antioxidantes que mejoran la memoria, reducen el riesgo de cáncer y son un gran tratamiento para la diarrea. Según un estudio reciente, la salvia mejora las habilidades cognitivas. Otro estudio demostró que reduce los niveles de glucosa en la sangre, por lo que es muy beneficiosa para los diabéticos. Finalmente, otro estudio demostró que reduce los niveles de colesterol dañino en el cuerpo.

Curación de los chakras

Cuando sus siete chakras están equilibrados, benefician a su cuerpo. Cada chakra tiene su propio rol en la curación de la mente y el cuerpo. Por ejemplo, el chakra del tercer ojo mejora la visión, reduce los dolores de cabeza y las migrañas y alivia los problemas de sinusitis. El chakra de la garganta cura cualquier problema en esta zona del cuerpo, como el dolor de garganta, el dolor de cuello y los problemas bucales. También ayuda con las infecciones de oído y reduce el dolor de hombros. Equilibrar el chakra del corazón ayuda con los problemas cardíacos, los problemas de los senos, el asma, las alergias, las enfermedades inmunológicas y el dolor de la parte superior de la espalda. El chakra del plexo solar reduce la presión arterial, mejora la digestión y ayuda con la fatiga crónica. El chakra del ombligo ayuda con los problemas de fertilidad y reduce el dolor de la espalda baja.

Herramientas para proteger y nutrir su cuerpo mental/espiritual

Ahora que conoce las herramientas para proteger y nutrir su cuerpo físico, hablaremos de las herramientas que se concentran en su bienestar mental y espiritual.

Diario

¿Tiene una agenda o un diario? Si no es así, tendrá uno después de conocer los numerosos beneficios que trae. Todos experimentamos pensamientos y emociones negativas de vez en cuando. Mantenerlos reprimidos no es bueno para la mente ni para el espíritu. Llevar un diario le permite liberar esos pensamientos, reduciendo el estrés y la ansiedad y dándole claridad. Cuando pone por escrito lo que le molesta, tiene una mejor perspectiva para solucionar su problema. Además, escribir los pensamientos negativos lo separa de ellos y le permite verlos desde un punto de vista objetivo.

Una vez que elimina sus pensamientos negativos, libera espacio para que entre más positividad en su vida, mejorando su estado de ánimo y siendo más feliz. También le ayuda a entenderse mejor a usted mismo y a sus procesos. Llevar un diario sirve para reconectar y reencontrarse al conocer sus puntos fuertes y débiles. ¿Qué le asusta? ¿Qué le gusta? ¿Qué le disgusta? ¿Cuáles son sus sueños y esperanzas? Todas estas cosas se pueden conocer a través de un diario. ¿Está listo para ir a comprar uno nuevo?

Trabajo de respiración

Necesitaríamos un libro entero para hablar de los muchos beneficios del trabajo de la respiración. Sí, son muchos. La respiración ayuda a resolver problemas mentales como el estrés, la ansiedad y la depresión. También ayuda a controlar la ira y a afrontar el duelo. La respiración profunda puede aumentar su energía, calmar su cerebro y mantenerlo concentrado. Esto se debe a que ralentiza el ritmo cardíaco, lo que le ayuda a sentirse tranquilo y relajado.

Además, le hace ser más consciente del momento presente. Tomar conciencia de usted mismo y concentrarse únicamente en el aquí y el ahora. Ya no se obsesiona con el pasado ni se preocupa por el futuro. En pocas palabras, vive el momento sin preocupaciones, lo que mejora su estado de ánimo y lo hace feliz.

La respiración le permite conectar con usted mismo en un nivel más profundo, haciendo que se acepte y ame lo que es. Todos hemos vivido experiencias traumáticas en nuestro cuerpo, creando pensamientos y emociones negativas. Trabajar la respiración le permite liberar estos sentimientos a través de la exhalación y el poder de la visualización.

Salvia

Hemos hablado de los beneficios de la salvia como ingrediente alimentario, pero los beneficios de esta hierba no terminan ahí. Hay una práctica común llamada «quema de salvia», que comenzó con los nativos americanos y sigue siendo relevante hoy en día. La quema de salvia ayuda a mejorar la intuición, a resolver dilemas espirituales y conecta con el mundo espiritual. También puede liberar las energías tóxicas de su interior o de su casa. Si ha pasado por una experiencia traumática o se ha producido una pelea en su casa, considere la posibilidad de quemar salvia para limpiar las energías negativas.

Cuando se deshace de las energías negativas, se reducen su estrés y ansiedad, mejora su estado de ánimo y su bienestar general.

Limpieza

Para la mayoría de la gente la limpieza es una tarea para terminar lo antes posible. Sin embargo, puede tener un gran impacto en su salud mental. Una casa desordenada y sucia puede provocar estrés y ansiedad. Cuando limpia y ordena su casa, ordena su mente. Además, las sábanas limpias favorecen una mejor calidad del sueño, lo que a su vez puede mejorar el estado de ánimo. El acto de limpiar en sí mismo puede repercutir en su salud mental, ya que reduce los síntomas de depresión y ayuda a la concentración. Una vez que haya terminado de limpiar su casa y vea los resultados finales, su estado de ánimo mejorará notablemente.

Música

¿A quién no le gusta la música? Cuando queremos celebrar, ponemos música y bailamos; cuando estamos enamorados, bailamos canciones de amor lentas, y cuando estamos tristes, nos parece terapéutico llorar escuchando canciones tristes. La música desempeña un papel muy importante en nuestras vidas. La música lenta ayuda a calmar nuestros pensamientos y reduce nuestro estrés y ansiedad. La música alegre puede hacernos sentir alegres y optimistas y ayudar a elevar nuestro espíritu. Escuchar música también puede ser terapéutico, ya que reduce los pensamientos depresivos.

La música también nos ayuda a entender mejor nuestros sentimientos, ya que a veces escuchamos una letra que puede resumir nuestras emociones, especialmente si no encontramos las palabras adecuadas para expresarnos. También hace que nos sintamos menos solos, ya que sabemos que hay alguien que experimenta los mismos sentimientos que nosotros.

Cristales

Cristales
https://www.pexels.com/photo/photo-of-assorted-crsytals-4040639

Existen muchos tipos de cristales, y todos ellos tienen increíbles poderes curativos. Los cristales reducen el estrés, aumentan la fuerza de voluntad y ayudan a comprender mejor los sentimientos. Le ayudan a seguir adelante, le proporcionan fuerza interior, lo protegen de las energías negativas, le proporcionan claridad y le ayudan a procesar el dolor. También aportan armonía a las relaciones, aumentan la confianza, actúan como un escudo contra las vibraciones negativas, fomentan los pensamientos optimistas, liberan las emociones negativas y mejoran su estado de ánimo. Deje que el cristal adecuado lo elija a usted en el momento de comprarlo. Una vez que se sienta atraído por un cristal específico, sepa que ese es el que sanará su cuerpo, mente, corazón y espíritu.

Afirmaciones

En un capítulo anterior le hemos proporcionado afirmaciones positivas, pero ¿qué hacen las afirmaciones a su mente y espíritu? Las afirmaciones son frases positivas que remodelan sus patrones de pensamiento. Cuanto más las repita, más las creerá, y se

---

convertirán en hechos que sustituirán a los pensamientos negativos y las dudas. Una vez que la energía y los pensamientos positivos sustituyen a los negativos, empieza a sentirse menos estresado, más feliz y agradecido.

Memorice afirmaciones que se apliquen a usted y a sus necesidades y repítalas al despertar, antes de acostarse y durante la meditación. Asegúrese de que sus afirmaciones son realistas. Además, debe saber que no son mágicas y que debe seguir trabajando por lo que quiere y perseguir sus sueños.

Hablar con franqueza

Como HSP, puede resultarle difícil hablar porque no quiere herir los sentimientos de nadie. Sin embargo, permanecer en silencio y no defenderse puede afectar su salud mental. Por lo tanto, hable siempre que le apetezca, especialmente si tiene que lidiar con vampiros energéticos que le quitan y absorben su energía. Decir lo que piensa aumentará su autoestima, reducirá la tensión, lo hará sentir más fuerte y mejorará su salud mental. Incluso si tiene opiniones diferentes a las de otra persona, nunca tenga miedo de hablar y expresarlas. Celebre y acepte siempre su singularidad.

Alejarse de los vampiros energéticos

Hemos hablado del impacto de los vampiros energéticos y las energías tóxicas en nuestra salud mental. Una de las mejores formas de proteger su energía es alejarse de los vampiros energéticos. Si evita a estas personas, no experimentará ninguna de las emociones negativas que siente después de cada interacción con ellas, como la ira, el agotamiento, el malestar y muchas otras. Como empático que absorbe las emociones de otras personas, debe evitar a los vampiros energéticos para protegerse de su absorción, que afecta su espíritu, su salud mental y su bienestar general. Por lo tanto, aléjese de las personas negativas y rodéese de las positivas que lo levanten y lo hagan sentir enérgico y optimista después de pasar tiempo con ellas. La vida es demasiado corta para desperdiciarla con personas que lo estresan y le hacen mal.

Establecer intenciones

Establecer intenciones le da un propósito y le ayuda a mantenerse enfocado en lo que quiere. Es una práctica muy sencilla en la que repite una pequeña frase que lo motiva a hacer realidad su objetivo. Establecer intenciones lo mantiene atento y concentrado en su objetivo, sin preocuparse por el futuro ni vivir con los remordimientos del pasado. Abre su corazón y le permite ser amable con usted mismo y con los demás. Por ejemplo, si se levanta cada día diciendo: «Hoy me propongo perdonar», no guardará rencores y tratará a todo el mundo con amor y amabilidad. También puede aportar positividad a su vida empezando el día con una intención de lo que va a sentir exactamente: «Hoy tengo la intención de ser feliz y de estar lleno de energía positiva». Establecer intenciones no es un deseo. Es un plan que lo motiva a la acción.

Establecer límites saludables

Establecer límites es una forma de autocuidado y es crucial para su bienestar. Es un escudo que protege su energía para que no se agote, y también establece el tono de sus relaciones, ya que comunica a la gente cómo quiere ser tratado. Establecer límites le permite cuidar de usted mismo, ya que no se concentra únicamente en las necesidades de los demás. Cuando se ocupa de sus propias necesidades, se vuelve más feliz, más positivo y menos resentido. Además, le ayuda a entenderse mejor, ya que sabe lo que acepta y lo que no. También protegerá su energía, evitando que la malgaste o pierda su tiempo con personas que no respetan sus límites.

Cuando dice «no» a las cosas que lo hacen sentir incómodo o infeliz, se convierte en alguien más feliz y positivo. Decir «no» a los demás es, en realidad, decir «sí» a su propia felicidad y bienestar. También evita estrés y ansiedad innecesarios. Los límites le convierten en una persona segura de sí misma que no tolera las faltas de respeto ni que le pasen por encima.

Caja de herramientas de prácticas para proteger su energía

- Meditación.
- Ejercicio físico.
- Caminar en la naturaleza.
- Hidratación.
- Comer alimentos saludables.

- Consumir y quemar salvia.
- Curar los chakras.
- Escribir un diario.
- Trabajo de respiración.
- Limpieza.
- Música.
- Cristales.
- Afirmaciones.
- Hablar claro.
- Alejarse de los vampiros energéticos.
- Establecer intenciones.
- Establecer límites saludables.
- Practicar el autocuidado.

Una vez que empiece a cuidar su cuerpo, su mente y su espíritu, se sentirá siempre positivo y con energía.

Capítulo 9: Restaurar y alimentar sus dones

Cada persona tiene un conjunto único de dones que le confieren unos rasgos de personalidad característicos. Las personas altamente sensibles también tienen sus propios dones; la única diferencia es que suelen estar más a flor de piel que los demás. Esto suele significar que sus necesidades serán diferentes y su vida más desafiante, y con un poco de esfuerzo, pueden convertir estas habilidades en superpoderes. Este capítulo está dedicado a restaurar y alimentar sus mayores dones: la alta sensibilidad y la empatía. Le enseñará a utilizar su capacidad para aprovechar la energía y como herramienta para formar una conexión significativa con su entorno. Si está dispuesto a trabajar para sacar el lado positivo de sus poderes, puede lograr el crecimiento espiritual y la vida equilibrada que se merece.

Las personas altamente sensibles y la empatía

El término personas altamente sensibles se refiere a individuos que nacen con una mayor sensibilidad en su sistema nervioso. Sus órganos sensoriales tienen un umbral mucho más bajo que el de los demás, lo que les permite reaccionar ante una gama mucho más amplia de estímulos emocionales, físicos y espirituales. Aunque a menudo se considera un rasgo negativo, ser demasiado sensible puede ser una herramienta extremadamente versátil en la vida.

Otro don que suelen tener es la empatía, una forma distinta de alta sensibilidad. Un empático es una persona que está aún más en sintonía con la energía de su entorno que la mayoría. Además de ser más susceptible a todos los estímulos que emanan del entorno, el sistema nervioso de un empático también tiene un número inusualmente grande de neuronas espejo. Con la ayuda de estas neuronas, los empáticos pueden sentir las emociones mucho más profundamente.

Como empático, se tiene la extraña capacidad de entender los sentimientos de los que le rodean. Esto proviene de la parte subconsciente de la mente, que le impulsa a utilizar la intuición, y a escucharla. Ser libre para elegir seguir su instinto libera su espíritu y permite mucha más creatividad en su vida.

Es importante señalar que no todas las personas altamente sensibles pueden sentir el nivel de empatía necesario para ser etiquetadas como empáticas. Ambos grupos sienten la necesidad de ayudar a los demás y vivir una vida sencilla cerca de la naturaleza. Sin embargo, al tener características más introvertidas, preferirán hacer lo segundo y simplemente elegirán no ayudar a los demás. Los empáticos, sin embargo, no dudarán en echar una mano a cualquier persona o cosa de su entorno. De hecho, los empáticos tienden a interiorizar el malestar, lo que puede llevar a confundirlo con el suyo propio.

Los beneficios de tener una gran sensibilidad como don

Son muchos los beneficios de ser una persona altamente sensible o empática. Su capacidad para aprovechar las emociones y energías de los demás puede permitirle alcanzar sus objetivos, evitar a las personas falsas y cuidar de sus seres queridos. Estas son algunas de las ventajas.

Sensibilidad a los detalles sensoriales

A diferencia de los demás, este rasgo suele ser percibido por la persona que lo muestra, lo cual no lo hace menos significativo. Procesar todas las partes de la información sensorial que recibe de forma más exhaustiva, le permite notar algunas sutilezas que otras personas pueden pasar por alto. Su cerebro registrará y procesará todas las diferencias de tonalidad y textura de los objetos que le rodean, las sutiles diferencias en la fragancia de las flores, la riqueza del sabor de las comidas que cocina y muchos más detalles sensoriales en profundidad. Esto le permite encontrar la alegría en las cosas sencillas de la vida y responder a las energías de las personas según su vibración. Nadie detectará a un mentiroso antes que una persona altamente sensible. Pueden percibir la energía negativa en el tono de voz o los cambios repentinos en la respiración.

Conciencia de los matices del significado

Como es más consciente de los matices en los significados de lo que la gente dice y hace o de lo que ocurre en su naturaleza, puede estar más atento a la hora de tomar decisiones respecto a estas acciones. Si es necesario, puede actuar con una rapidez y precisión increíbles simplemente porque ha detectado una pequeña diferencia que podría hacer que valga la pena actuar de inmediato. A pesar de ello, su atención a los detalles hará que sea mucho menos probable que experimente un error de juicio, por muy precipitada que pueda parecer la decisión a los ojos de los demás. Esto se debe a que su cerebro puede procesar el posible resultado mientras realiza la propia acción.

Cómo calcular los buenos resultados

No solo es más probable que espere un buen resultado de sus acciones, sino que también puede hacer que se produzca. Las personas sensibles, más que nadie, saben la diferencia positiva que las emociones, como la satisfacción, la alegría y la felicidad, pueden suponer en la vida de alguien. No es de extrañar que estén dispuestos a pasar a la acción para hacerlas realidad. Pueden utilizar este don para atraer muchos momentos positivos a su vida y construir un nuevo conjunto de recuerdos felices a los que puedan recurrir cuando los tiempos sean difíciles.

Memoria semántica

Una persona con memoria semántica puede comparar situaciones presentes y futuras con experiencias pasadas. Esto significa que puede procesar cualquier material a un nivel más profundo y crear una base de datos de memoria a largo plazo de todo lo que ha aprendido. Es posible que haya notado que tiene una mayor aptitud para los idiomas, pues aprende fácilmente expresiones, términos y frases extranjeras con las que otros pueden tener dificultades. Esto se debe a que su cerebro almacena los elementos más importantes de cualquier conocimiento basado en conceptos y puede recordarlos fácilmente siempre que lo necesite.

Aprendizaje inconsciente

A veces pueden aprender algo incluso sin darse cuenta. Esto se debe a que son tan intuitivos que pueden asimilar y procesar grandes cargas de información sin siquiera quererlo. Es probable que en el pasado se haya encontrado con una situación en la que la solución a un problema se le ocurrió incluso antes de que la pensara. Si esto le resulta familiar, ahora sabe que aprendió la solución de antemano, solo que no lo noto.

Moral superior

Las personas sensibles han sido bendecidas con un nivel inusualmente alto de conciencia. Tanto si le han educado con un conjunto específico de valores morales como si no, en el fondo sabe lo que está mal y lo que está bien. Siempre intenta mostrar consideración hacia las personas, incluso hacia aquellas que puede percibir claramente que no son conscientes. Se asegura de que usted o sus posesiones nunca se interpongan en el camino de otra persona. Esta es también una buena manera de mantener sus objetos de valor a salvo.

Mayor empatía

Sentir lo que sienten los que le rodean le permite comprenderlos mejor como individuos. Puede que una persona no muestre sus emociones al exterior debido al miedo, la vergüenza u otras emociones negativas, pero usted sabrá cómo se sienten y podrá ayudarles si lo necesitan. Tener una mayor empatía le convierte en un sanador de una manera no tradicional. Siempre puede estar ahí para sus familiares y amigos si necesitan a alguien con quien hablar de sus problemas o incluso consejos sobre cómo conseguir ayuda profesional.

Esto le convierte en un mejor participante en sus relaciones y refuerza su vínculo con sus seres queridos, le permite establecer nuevas conexiones. Nada establece mejor los cimientos de las relaciones que ganarse la confianza de una persona. Como resultado, obtiene un círculo mucho más amplio que sabe que puede confiar en usted en cualquier momento en el futuro, y que también estará ahí para usted si lo necesita.

Conciencia de sí mismo

Las personas que le rodean no son las únicas con las que está en sintonía emocional. Como persona altamente sensible, es mucho más consciente de sus propios estados emocionales que la mayoría de la gente. Esto significa que se dará cuenta de que algo va mal mucho más rápido y es más probable que busque ayuda profesional. Tiene una capacidad innata para cuidar adecuadamente de su cuerpo y su mente. Así que, a menos que decida ignorar su intuición, no tendrá ningún problema para mantener una buena salud.

También tiene la capacidad de expresar sus emociones a través de medios artísticos. Ya sea mediante la escritura, pintura, con canciones sobre ellas o al representarlas en una obra de teatro, sus emociones son un terreno fértil de inspiración. Aunque lo haga como un pasatiempo, su obra siempre será profunda y estará llena de significado que desea comunicar al resto del mundo.

Rasgos de personalidad introvertida

Una de las principales razones por las que las personas sensibles encuentran consuelo en la creatividad y en aprender a expresarse a través del arte es porque todas ellas tienen tendencias introvertidas. Aunque los empáticos tienden a mostrar algunos rasgos extrovertidos, les resulta más fácil expresarse a través de otros medios que no sea hablar directamente de sus emociones. No poder hablar de sus emociones con sus seres queridos puede ser frustrante. Sin embargo, puede mostrarles todo lo que siente a través del arte que elija.

Agudeza en la motricidad fina

La atención a los detalles también le convierte en un especialista en el uso de sus habilidades de motricidad fina. Se trata de los talentos necesarios para tocar instrumentos, dibujar o crear objetos a mano. Una motricidad fina más aguda también le permite destacar en ciertos deportes basados en tiempos de acción y reacción precisos. Además de nacer con esta habilidad, también puede perfeccionarla si entrena los pequeños grupos musculares necesarios para que actúen de forma perfectamente sincronizada.

Contemplar los procesos de pensamiento

A menudo se dice que las personas altamente sensibles tienden a pensar demasiado en todo en la vida, lo que puede ser verdad hasta cierto punto. Probablemente se pregunte por qué piensa en ciertas cosas tanto como lo hace. En primer lugar, pensar en usted mismo no ocupa más parte de su cerebro que pensar en los demás. Simplemente asegúrese de que no descuida su bienestar mental. En segundo lugar, a pesar de tener un fuerte presentimiento sobre algo, a veces puede distraerse con otras emociones, lo que hace que ignore su intuición. Reflexionar sobre sus pensamientos puede hacerle consciente de este tipo de errores, para que pueda evitar cometerlos en el futuro.

Conciencia espiritual más profunda

Tanto si es devoto de una religión concreta como si no, considera esencial mantenerse en contacto con sus necesidades espirituales. Alimentar su alma le resulta fácil porque escucha sus deseos. Es posible que también se preocupe por las necesidades espirituales de los demás y quiera ayudarles a crecer también. Tiene el don de enseñarles cómo enfocar mejor sus vidas, y a menudo descubre un nuevo propósito para la suya también en el camino.

Cómo restaurar y nutrir la empatía y la alta sensibilidad

Sin la autodefensa psíquica, sus dones son altamente propensos a diferentes formas de ataques psíquicos, incluida la apropiación de energía negativa y encuentros con vampiros psíquicos. Además de aprender a proteger su energía con un escudo, también puede tomar otras precauciones para evitar asumir las energías y los problemas de los demás. Una gran manera de hacerlo es alimentar todos los maravillosos dones que ahora sabe que posee. Convertirlos en su superpoder le permitirá defenderse, asegurarse de que sus sentimientos son suyos y curarse de la confusión que supone asumir la energía de otras personas. Aquí tiene algunas formas estupendas de hacerlo:

Acepte sus dones

El primer paso en su viaje debería ser aceptar sus dones de empatía, sensibilidad y todas las demás maravillosas habilidades con las que nació. Piense en ellos y pregúntese si merecen la luz negativa con la que los ha visto hasta ahora. Puede que se sienta incómodo con los pensamientos negativos a los que se ha acostumbrado tanto; aun así, tiene que pensar que todo lo que le hacen sentir son herramientas potenciadoras para liberar sus emociones.

Considere de dónde viene la energía

La mayoría de las veces, la energía negativa proviene de una persona con la que se tiene una relación cercana. Como sus sentimientos hacia ellos tienden a nublar su juicio, esto puede ser una píldora difícil de tragar. Dicho esto, no hacer nada no ha hecho desaparecer la negatividad hasta ahora. En todo caso, probablemente haya empeorado las cosas. Por lo tanto, el paso obvio después de aceptar sus dones es reconocer que necesita lidiar con ellos y canalizarlos en la dirección correcta.

Proteja sus dones

Ahora que sabe que su sensibilidad es un don y no una carga, es hora de que aprenda a protegerla. Intente liberar los pensamientos y las emociones que recoge a través de un diario para proteger sus sentimientos. Solo tiene que escribir unas cuantas frases por la mañana o por la noche, y pronto se sentirá mucho mejor al utilizar sus dones. También puede escribir afirmaciones personalizadas para recordar aún más su utilidad.

Establecer límites

Establecer límites es otra forma excelente de proteger su energía. Dicho esto, este paso es también uno de los más difíciles que tendrá que dar. Por un lado, tiene que hacer que los demás sean conscientes de su intención de proteger su energía. También debe considerar que a los que le rodean pueden no gustarles estos límites. Y si no pueden respetar la línea que traza, su relación se verá afectada. Intente hablar con ellos sobre su necesidad de hacer esto y explíqueles también que necesita que su naturaleza altamente sensible sea respetada.

También tiene que asegurarse de que tiene claros sus límites. Para ello, debe tomarse el tiempo de observar cada área de su vida y ver dónde se drena su energía o si se ha contaminado con negatividad. Aparte de personas concretas, la energía tóxica también puede provenir de un entorno. Si es así, debería intentar cambiarlo lo antes posible para crear una vida que se adapte mejor a usted.

Limpie su energía con actividad física

Hay varias prácticas para limpiar su energía mentalmente, pero ninguna de ellas es tan atractiva como mover su cuerpo y hacer que la energía se mueva a través de él. Además, seguir los pasos anteriores puede ser agotador mentalmente, así que es hora de que recargue su energía mediante alguna actividad física.

Como introvertido, puede que los deportes y otras actividades en grupo no le sirvan, pero hay otras cosas que puede probar. Puede simplemente dar un paseo por el parque después de la comida, respirar el aire fresco, y dejar que limpie su energía. También puede bailar para alejar la negatividad. Siéntase libre de hacerlo solo e incluya cualquier movimiento que le guste.

Cualquier movimiento que elimine la negatividad y rejuvenezca su energía puede funcionar. Lavarse, tomar un baño o una ducha después del entrenamiento es siempre una buena idea. Así eliminará todos los restos de toxicidad que puedan estar todavía adheridos a su cuerpo.

Conectarse con el presente

Por encima de todo, el momento más importante en el que debe centrarse es el presente. Toda la negatividad que toma regularmente tiene que ser debidamente procesada y canalizada lejos de su mente y cuerpo. Esto requiere que se mantenga realmente con los pies en la tierra, lo que solo es posible si se centra en lo que sucede en el ahora. Los recuerdos del pasado solo pueden guiarle hasta cierto punto, y preocuparse por el futuro no es ni remotamente útil en esta situación.

Las prácticas que le permiten permanecer en el presente le permitirán estar tranquilo, relajado y centrado en sus objetivos. Intente optar por un ejercicio de enraizamiento que pueda realizarse al aire libre, para que también pueda estar cerca de la naturaleza. Le prestará su energía pura y le proporcionará la estabilidad que necesita para permanecer en el presente. Dado que requiere que ralentice su procesamiento y filtrado de estímulos y emociones, conectarse a tierra es una de las mejores formas de perfeccionar sus superpoderes de sensibilidad. Solo asegúrese de que hace algo que le satisface y no lo hace por hacer.

Utilice sus dones para ayudar a sus seres queridos

Ahora que se ha dotado de las mejores herramientas para procesar la negatividad, es hora de que pruebe sus dones con los demás. Al principio, es posible que no esté seguro de si será capaz de mantener estos límites y respetar la privacidad de los demás. Esto es totalmente normal, y es la razón principal por la que debe empezar con personas con las que tenga una relación afectiva. La forma de canalizar la energía depende de cada persona, por lo que es mucho más seguro practicarla con alguien que entienda y acepte sus dones. Empiece por mantener una conversación genuina con sus amigos y familiares, empatice con ellos e intente encontrar una solución para cualquier problema que puedan tener en su vida.

Retribuir a su comunidad

Cuando se sienta cómodo para utilizar sus dones con sus seres queridos, puede llevarlos a otro nivel cuando hace algo para la comunidad. Como introvertidos, a las personas altamente sensibles a menudo les resulta difícil asimilar una comunidad más grande, así que esto será definitivamente un gran paso para usted. No utilizar sus dones para ayudar a los necesitados sería una oportunidad perdida de crecimiento personal, que es uno de los requisitos para tener un campo energético saludable.

Exprese su sensibilidad a través del arte

Las personas sensibles tienen una capacidad innata para expresarse a través del arte de forma que no pueden hacer de otra manera. Así que, ¿por qué no utilizar este superpoder para crear algo que canalice permanentemente toda su energía en ello? Regalar creaciones hechas a mano es una de las mejores maneras de difundir la positividad a su alrededor y garantizar que todo el mundo pueda seguir siendo feliz y saludable, incluido usted mismo.

Dejar de lado las ideas erróneas sobre su sensibilidad puede ser un reto. La sociedad nos ha condicionado a ver la sensibilidad como una debilidad cuando, en realidad, no tiene por qué serlo en absoluto. Puede ser su mayor fortaleza, pero solo si está dispuesto a trabajar en ella. Entender cómo utilizar sus dones puede transformar su vida por completo, y hacerle sentir seguro, feliz y rodeado de gente que se preocupa por usted.

Capítulo 10: Reto de 30 días para proteger su energía

En este capítulo encontrará un reto de 30 días que puede ayudarle a proteger su energía. Cada día del reto viene con una afirmación diaria que le permitirá establecer su intención para el día.

Día 1:

Afirmación de hoy: «Soy responsable de la calidad de mis relaciones».

- **Decir «no».** Decir no a cualquier petición que no le apetezca hacer. Priorizar sus propias necesidades y deseos.

- **Desprenderse.** Sea consciente de hacia dónde dirige su energía y sus pensamientos, y preocúpese solo de lo que le afecta. Como empático, inevitablemente sentirá los sentimientos de los demás. El truco aquí es obligarse a no hacer nada al respecto porque una vez que decida que necesita ayudar a «arreglar» las cosas para ellos, se convierte en su carga.

- **Hacer la meditación del escáner corporal.** Consulte el capítulo 2 para ver las instrucciones. Esta meditación le ayudará a ser consciente de todas las sensaciones de su cuerpo, ya sean físicas, emocionales o relacionadas con el pensamiento.

Día 2:

Afirmación de hoy: «Libero el pasado y abro completamente mi corazón al presente».

- **Dar un largo paseo por la naturaleza.** Sumérjase en la experiencia. Fíjese en las diferentes tonalidades que ve, escuche atentamente a los animales y huela la lluvia, las flores y los troncos húmedos de los árboles. Sienta el aire fresco en los brazos y la cara, y respire profundamente.

- **Practicar yoga.** Puede elegir la postura que quiera. Sin embargo, le recomendamos la postura de la montaña, especialmente si es principiante. Es fácil de hacer y puede ayudar a aumentar su conciencia corporal. También puede ayudar a mejorar su postura y alineación.

- Póngase de pie con los pies apoyados en el suelo. Deje que los dedos gordos de los pies se toquen, pero con los talones ligeramente separados. Levante el pecho mientras empuja los hombros hacia abajo. Las palmas de las manos deben estar orientadas hacia delante. Meta ligeramente la barbilla y extienda la coronilla. Respire por la nariz con la garganta contraída. Hágalo durante unas 5 o 10 respiraciones.

- **Diario.** Piense en todo lo que le molesta y reflexione sobre sus emociones negativas. Escriba todo lo que le ronda por la cabeza. Escribir un diario puede ayudarle a liberar sus emociones y le permitirá conectar con sus sentimientos.

Día 3:

Afirmación de hoy: «Me doy permiso para sanar».

- **Beber agua.** Beber un vaso de agua a primera hora de la mañana puede ayudarle a mejorar su estado de ánimo, su rendimiento mental y su metabolismo.

- **Comer muchas verduras.** Honre a su cuerpo con una ensalada sana y abundante.

- **Hacer ejercicio durante 20 o 30 minutos.** Puede hacer cualquier forma de ejercicio que le guste. Por ejemplo, busque vídeos de baile o haga entrenamientos de circuito en casa.

- **Practicar la respiración profunda.** Respire profundamente durante 2 o 3 minutos. Puede cerrar los ojos y tomar conciencia de sus sensaciones corporales.

- **Utilizar aceites esenciales.** Tome un largo baño relajante y utilice un aceite esencial calmante como el de lavanda o el de incienso.

- **Hacer ligeros estiramientos.** Realice ligeros ejercicios de estiramiento antes de irse a la cama.

Día 4:

Afirmación de hoy: «Experimento la felicidad en todo lo que hago».

- **Ser optimista.** Escriba cómo quiere que sea su día al levantarse. No es necesario que incluya detalles. Limítese a mencionar las emociones que quiere sentir, como la alegría, el entusiasmo, la felicidad, etc. Escríbalas en tiempo presente, evite frases negativas, comience las frases con «yo» (de la misma manera que escribiría una afirmación).

- **Meditar.** Practique cualquier forma de meditación que desee durante 5 minutos. Puede consultar el capítulo 2 para ver ejemplos e instrucciones.

- **Buscar el lado positivo.** Intente señalar el mayor número posible de cosas buenas a lo largo de su día. Si ocurre algo desafortunado, busque el lado bueno y señálelo, por pequeño que sea. Convierta esto en un hábito.

- **Escuchar música alegre.** Ponga música alegre mientras se prepara, de camino al trabajo, mientras cocina, etc.

- **Abandonar las conversaciones negativas**. Estar rodeado de gente puede ser suficientemente abrumador para usted. No tenga miedo de salir de las conversaciones negativas y estresantes.

Día 5:

Afirmación de hoy: «Soy capaz de sentir amor incondicional».

- **Jugar con un bebé, acariciar un perro o un gato.** Esto le ayudará a mejorar su estado de ánimo y a reducir los niveles de la hormona del estrés.

- **Hacer un acto de bondad al azar.**

- **Sonreír a un desconocido.**

- **Perdonar a alguien que le haya hecho daño.** Escriba cómo le ha herido esa persona (puede ser usted mismo) y cómo se siente al respecto. Queme el papel y déjelo ir. No necesita volver a hablar con ellos. Perdonarles desde dentro le permite hacer las paces con la situación y le ayudará a seguir adelante.

Día 6:

Afirmación de hoy: «Dejo ir todo mi dolor».

- **Meditar.** Medite durante 5 minutos.

- **Hacer ejercicio.** Estirar o hacer una forma ligera de ejercicio durante 15 minutos.

- **Sanar su energía.** Consulte el capítulo 8 para obtener ideas. Llevar un cristal de citrino puede ayudarle a practicar la atención plena. También puede visitar a un maestro de reiki o a un profesional del masaje para una sesión de curación.

- **Dormir siestas.** Si se siente cansado a lo largo del día, no se resista a la necesidad de una siesta.

Día 7:

Afirmación de hoy: «Me siento en paz con cada respiración que hago».

- **Practicar la respiración profunda.** Respire profundamente durante 2 minutos.

- **Tómese un descanso de la tecnología.** Evite utilizar las redes sociales y los dispositivos tecnológicos a lo largo del día.

- Nota: Puede cambiar de día si el día 7 no cae en fin de semana. Es posible que tenga que consultar su correo electrónico o estar conectado por motivos de trabajo.

- **Desconectarse.** Sea consciente de hacia dónde dirige su energía y sus pensamientos, y preocúpese solo de lo que le afecta.

Día 8:

Afirmación de hoy: «Dejo ir la necesidad de mantener el control».

- **Practicar yoga.** Recomendamos la postura del perro mirando hacia arriba para el día 8. Para empezar esta postura, tiene que tumbarse boca abajo. Mientras inhala, estire los brazos y levante el pecho hacia arriba. Abra el corazón. La parte superior de los pies debe estar apoyada en el suelo (los talones hacia arriba y los dedos hacia abajo y hacia atrás). Despegue los muslos y las rodillas de la esterilla. Permanezca en esta posición de 3 a 5 respiraciones.

- **Dejarse llevar.** No intente controlar ciertos aspectos a lo largo del día y acepte el flujo natural de las cosas.

- **Convertir los «y si» negativos en positivos.** «¿Y si lo estropeo?» - «¿Y si todo sale como está previsto?»

Día 9:

Afirmación de hoy: «Estoy totalmente abierto a dar y recibir amor».

- **Practicar el amor propio.** Escriba tres cosas que realmente le gusten de usted mismo. Recuérdese estas cualidades a lo largo del día.

- **Ser expresivo.** Agradezca y aprecie a las personas que quiere. Demuestre su gratitud.

- **Mantenerse firme.** Manténgase firme y exprésese incluso cuando alguien desafíe sus creencias.

- **Aceptar su naturaleza servicial.** Si siente que alguien necesita ayuda, pregunte qué puede hacer por él. Recuerde que no debe salirse de su camino ni hacer algo que comprometa su propio bienestar mental, emocional y físico. Aprenda a ayudar dentro de unos límites razonables.

Día 10:

Afirmación de hoy: «Estoy agradecido por todas las bendiciones de mi vida».

- **Practicar la gratitud.** Piense en todas las cosas, cualidades y personas por las que está agradecido.
- **Meditar.** Medite durante 5 minutos.
- **Dar un largo paseo por la naturaleza.** Esté plenamente presente y exprese su gratitud por todas las cosas buenas de la vida. Déjese conmover por la belleza de su entorno.
- **Devolver algo.** Plante una semilla, ayude a limpiar su vecindario, ayude a alguien, o haga algo por un amigo.

Día 11:

Afirmación de hoy: «Doy un paso para alcanzar mis objetivos cada día».

- **Beber un vaso de agua.** Beba un vaso de agua por la mañana para eliminar las toxinas y mejorar su estado de ánimo y concentración.
- **Programar su día.** Escriba una lista de tareas para planificar el día.
- **Hacer ejercicio.** Haga su forma favorita de ejercicio durante 30 minutos.
- **Hacer algo que haya estado evitando.** Ya sea limpiar su oficina u organizar su armario, es hora de hacer por fin una tarea que ha estado evitando.
- **Practicar la visualización.** Tómese de 10 a 15 minutos para visualizar el futuro que desea con todos sus detalles.

Día 12:

Afirmación de hoy: «Estoy a salvo. Estoy protegido. Un escudo de energía positiva me rodea».

- **Hacer una liberación emocional.** Piense en sus emociones e identifique las que le pertenecen y las que ha absorbido de otros. Escríbalo todo en su diario.
- **Meditar.** Medite durante 5 minutos.

- **Tomarse un descanso.** Tómese el día libre en el trabajo y permítase aflojar el ritmo con las tareas.

- **Quemar salvia.** Quemar salvia puede elevar su estado de ánimo, eliminar las toxinas y las bacterias de la habitación y reducir los niveles de estrés y ansiedad.

- **Hacer algo divertido.** Practique un pasatiempo, vea una película divertida, vaya a dar un paseo, etc.

Día 13:

Afirmación de hoy: «Estoy abierto a recibir oportunidades inesperadas».

- **Beber un vaso de agua.** Beba un vaso de agua por la mañana para comenzar bien el día.

- **Restablecer su conciencia.** Consulte el capítulo 2 para ver las instrucciones sobre cómo realizar esta práctica meditativa. Hágalo varias veces con diferentes experiencias.

- **Adoptar una mentalidad optimista.** Espere que en su día ocurran grandes cosas de la nada.

- **Salir de la zona de confort.** Haga algo que siempre ha querido hacer, pero que nunca ha tenido la oportunidad de hacer.

- **Arriesgarse.** ¿Hay una vacante atractiva en una empresa a la que no quería presentarse? Atrévase a hacerlo.

Día 14:

Afirmación de hoy: «Atraigo a personas amables y afines».

- **Mantener conversaciones significativas.** Las conversaciones triviales pueden ser agotadoras para cualquiera. Intente evitarlas y opte por conversaciones significativas en su lugar.

- **Ser selectivo.** Sea selectivo a la hora de elegir con quién pasar su tiempo. Evite salir con personas negativas o críticas.

- **Decir adiós.** Deje ir a quienes ya no le sirven. Haga las paces con esta decisión y tenga la certeza de que es por su propio bien.

- **Pensar antes de hablar.** Elegir cuidadosamente sus palabras y evitar hablar de forma negativa es un buen hábito a crear.

- **Hacer un acto de bondad al azar.**

Día 15:

Afirmación de hoy: «Doy prioridad a mi mente, cuerpo y espíritu».

- **Practicar la respiración profunda.** Respire profunda y conscientemente durante 2 minutos.

- **Tomar un desayuno nutritivo.** Tome un desayuno equilibrado para aumentar su concentración y sus niveles de energía.

- **Beber suficiente agua.** Asegúrese de beber suficiente agua a lo largo del día.

- **Hacer ejercicio.** Haga su ejercicio favorito durante 45 - 60 minutos.

- **Premiarse.** Haga algo que le haga feliz. Prémiese por haber llegado a la mitad del camino.

Día 16:

Afirmación de hoy: «Mi elección de ser feliz me mantiene en una salud óptima».

- **Meditar.** Medite durante 10 minutos.

- **Evitar los estimulantes.** En lugar de controlar su alta sensibilidad durante las situaciones de estrés, tómese un descanso durante el día y evite por completo los estimulantes.

- **Hacer ejercicio.** Haga ejercicio durante 15 minutos.

- **Reír.** Salga con gente o vea películas que le hagan reír.

Día 17:

Afirmación de hoy: «Me doy cuenta de que estas circunstancias son una oportunidad para ayudarme a crecer».

- **Practicar la técnica del paseo meditativo.** Consulte el capítulo 2 para ver las instrucciones. Esta técnica puede ayudarle a elevar su conciencia y a mantenerle centrado en el momento presente.

- **Estirar.** Estire su cuerpo durante 15 minutos.
- **Practicar la visualización.** Dedique unos minutos a visualizar el futuro que desea.
- **Ampliar sus conocimientos.** Lea algo educativo o empiece a aprender una nueva habilidad.

Día 18:

Afirmación de hoy: «Tengo el poder de dar forma a la realidad que quiero».

- **Haga una rutina de yoga.** Busque un vídeo de rutinas de yoga paso a paso para principiantes en YouTube y hágalo.
- **Desconectarse.** Tómese un descanso de la tecnología y las redes sociales por un día.
- **Ser creativo.** Practique cualquier actividad creativa. Dibuje, pinte, baile, escriba, hornee, etc.
- **Practicar una de sus aficiones.**

Día 19:

Afirmación de hoy: «No permito que el miedo y las dudas se interpongan en el camino de mis objetivos y deseos».

- **Practicar una técnica de conexión a la tierra.** Elija cualquier técnica de conexión a la tierra que le guste y practíquela.

Sugerencia: método de conexión a la tierra 54321.

Lleve la conciencia a su respiración y luego busque cinco cosas que pueda ver, cuatro que pueda tocar, tres que pueda oír, dos que pueda oler y una que pueda saborear.

- Hacer ejercicio. Haga ejercicio durante 30 minutos.
- Superar un miedo. Dé pasos para superar un miedo.
- Dejarse llevar. Deje de lado la necesidad de tener el control.

Día 20:

Afirmación de hoy: «Siento que mi espíritu se recarga cada vez que me conecto con la naturaleza».

- **Comer verduras.** Concéntrese en alimentar su cuerpo con frutas y verduras.

- **Caminar al aire libre.** Dé un paseo de 20 minutos por la naturaleza.

- **Aprovechar la luz y el aire natural.** Abra todas las ventanas de su casa para que entre el aire fresco y la luz.

- **Restablecer su conciencia.** Realice la técnica de atención plena para restablecer su conciencia.

Día 21:

Afirmación de hoy: «Cada día estoy más cerca de conseguir mis objetivos».

- **Meditar.** Medite durante 10 minutos.

- **Reflexionar.** Reflexione sobre lo que ha conseguido con esta rutina, los progresos que ha hecho en la gestión de su alta sensibilidad y los pasos que ha dado para conseguir sus objetivos.

- **Practicar la autocompasión.** Exprese su gratitud, compasión y aprecio hacia usted mismo.

- **Sentirse orgulloso.** Permítase sentirse orgulloso de todos sus logros.

Día 22:

- **Afirmación de hoy:** «Estoy agradecido por todas mis experiencias».

- **Contar sus bendiciones.** Escriba tres cosas buenas en su vida.

- **Expresar gratitud.** Dé las gracias a sus amigos y familiares y, sobre todo, a usted mismo.

- **Utilizar las redes sociales.** Utilice el poder de las redes sociales para difundir la positividad y hacer el bien.

Día 23:

Afirmación de hoy: «Me quiero y me acepto profundamente».

- **Practicar una técnica de conexión a la tierra.** Haga la técnica de conexión a la tierra 5-4-3-2-1 o elija cualquier otro método.

- **Practicar yoga.** Consulte el día 2 para ver las instrucciones sobre la postura de la montaña.

- **Liberar los pensamientos y emociones.** Déjese espacio para sentir todas sus emociones y reflexionar sobre ellas. Acepte todos sus sentimientos y diga su verdad.

- **Llevar una piedra curativa.** La amazonita le ayudará a gestionar la agitación emocional y le animará a seguir su pasión.

Día 24:

Afirmación de hoy: «Desordeno mi vida para crear espacio para recibir el apoyo y el consuelo que necesito».

- **Organizar la agenda.** Priorice las tareas de mayor a menor importancia y elimine las cosas que ya no son esenciales. Una agenda desordenada puede disparar su alta sensibilidad.

- **Despejar su casa.** Un hogar desordenado puede actuar como un estimulante abrumador. Done las cosas que ya no necesite.

- **Desconectarse.** Deje ir los pensamientos, las personas, las emociones y los acontecimientos que ya no le sirven.

Día 25:

Afirmación de hoy: «Soy independiente y autosuficiente».

- **Meditar.** Medite durante 5 minutos.

- **Estirar.** Estire su cuerpo durante 10 minutos.

- **Decir «no».** Dé prioridad a su bienestar.

- **Trabajar en el autodesarrollo.** Practique una habilidad o un talento.

Día 26:

Afirmación de hoy: «Sé que todo en mi vida se está desarrollando perfectamente».

- **Devolver.** Si recibe pensamientos y emociones no deseados, tiene que recordar que lo más probable es que no sean tuyos. Probablemente los haya absorbido de otra persona. Tómese un momento para identificar lo que piensa y siente. Si no son suyos esos pensamientos y sentimientos, devuélvalos.

- **Practicar la respiración profunda.** Respire profundamente durante 2 o 3 minutos.

- **Hacer ejercicio durante 20 o 30 minutos.** Practique cualquier forma de ejercicio que le guste.

Día 27:

Afirmación de hoy: «Estoy dispuesto a estar en paz conmigo mismo».

- **Practicar la respiración profunda.** Respire profundamente durante 2 o 3 minutos.

- **Hacer una liberación emocional.** Escriba en un diario sus pensamientos y emociones.

- **Practicar el autocuidado.** Tome un largo baño relajante, tenga un día de spa o queme aceites esenciales calmantes.

- **Realizar ligeros estiramientos.** Haga ligeros estiramientos antes de irse a la cama.

Día 28:

Afirmación de hoy: «Mi felicidad viene de mi interior».

- **Escuchar música alegre.** Ponga música alegre siempre que tenga la oportunidad.

- **Haga la meditación del escáner corporal.** Consulte el capítulo 2 para ver las instrucciones.

- **Meditar.** Medite durante 10 minutos.

Día 29:

Afirmación de hoy: «Estoy dispuesto a ver las cosas de otra manera».

- **Quemar salvia.** Queme salvia para elevar su estado de ánimo.

- **Practicar la visualización.** Tómese de 10 a 15 minutos para visualizar el futuro que desea.

- **Beber suficiente agua.** Asegúrese de beber suficiente agua a lo largo del día.

Día 30:

Afirmación de hoy: «Creo nuevas rutinas basadas en los objetivos que deseo alcanzar».

- **Practicar la respiración profunda.** Respire profunda y conscientemente durante 2 minutos.

- **Meditar.** Practique cualquier forma de meditación que quiera durante 5 minutos.

- **Reflexionar.** Reflexione sobre los últimos 30 días. ¿Cómo ha cambiado su vida? ¿Cree que ahora puede gestionar su alta sensibilidad de forma más eficiente?

- **Premiarse.** Recompénsese por haber llegado al final del reto.

Enfrentarse a su alta sensibilidad puede ser muy difícil a veces. Sin embargo, esta divertida rutina de 30 días puede ayudarle a mantenerse en el camino para proteger su energía. Convertir estas tareas en hábitos puede ayudarle a transformar su vida.

Conclusión

A todo el mundo le han dicho que es demasiado sensible o emocional en algún momento de su vida. También es normal que le acusen de tomarse las cosas demasiado a pecho cuando reacciona de forma diferente a los demás. Quizás siempre ha sido demasiado sensible cuando se trata de ruidos fuertes, interacciones físicas y luces brillantes, pero siempre lo ha visto como una simple manía. Tal vez nunca pensó que podía significar algo más hasta que cogió este libro.

Las personas altamente sensibles son ampliamente incomprendidas. A menudo se les etiqueta erróneamente como introvertidos o se piensa que son demasiado dramáticos. Suelen ser intimidados, criticados y vistos como débiles. Se glorifica la fuerza física y emocional, la persistencia y la resiliencia, mientras que el mundo se aprovecha de las personas compasivas, sensibles y generosas.

La falta de conciencia de la alta sensibilidad en la sociedad puede perjudicar a las personas de alta sensibilidad de forma significativa. Puede dificultar su participación activa en la comunidad, pero también puede dificultar su propia comprensión. Ser altamente sensible, en contra de la creencia popular, no es algo que haya que ocultar, arreglar o avergonzarse. La sensibilidad puede suponer una ventaja. Puede hacerles más agradecidos, creativos, empáticos e inteligentes. Las personas altamente sensibles están dotadas de increíbles habilidades intrapersonales e intuitivas.

Existe una idea errónea de que son emocionalmente sensibles y se toman las cosas a pecho. Sin embargo, ser una persona altamente sensible va más allá de los sentimientos y las emociones. El término se utiliza para describir a los individuos que son más sensibles a los estímulos mentales, físicos y emocionales que la persona media. También es importante señalar que la alta sensibilidad es un rasgo de la personalidad, al igual que la extraversión, la introversión, la creatividad y la amabilidad. No se trata de una dolencia mental que haya que arreglar. Como cualquier otra característica, la alta sensibilidad conlleva desventajas cuando se gestiona mal.

Ahora que ha leído este libro, podrá saber con seguridad si es una persona altamente sensible o empática. Esto le ayudará a adoptar el enfoque correcto y a determinar los pasos que debe dar para mantener su bienestar mental, espiritual, físico y emocional. Comprenderá los diferentes retos a los que puede enfrentarse en la vida y las diversas técnicas que puede utilizar para hacer frente a estas situaciones. El libro también ofrece a sus lectores una visión del concepto de las energías y del sistema de chakras, lo que lo convierte en un gran punto de partida para las personas que desean embarcarse en su viaje de sanación energética y de los chakras.

Los capítulos 4 y 5 del libro deberían facilitarle la identificación de las energías tóxicas en su vida y aprender a protegerse de ellas. Conocerá los diferentes tipos de vampiros energéticos y cómo puede interactuar con ellos de forma eficiente sin comprometer su propio bienestar. Los últimos capítulos están dirigidos a ayudarle a practicar el autocuidado y a establecer límites. Estos capítulos proporcionan diferentes herramientas y técnicas que puede utilizar para proteger su energía personal y reponerla después de que un vampiro de energía la haya agotado. Por último, el reto de 30 días que aparece al final del libro puede ayudarle a dar los pasos para cambiar su vida.

Vea más libros escritos por Mari Silva

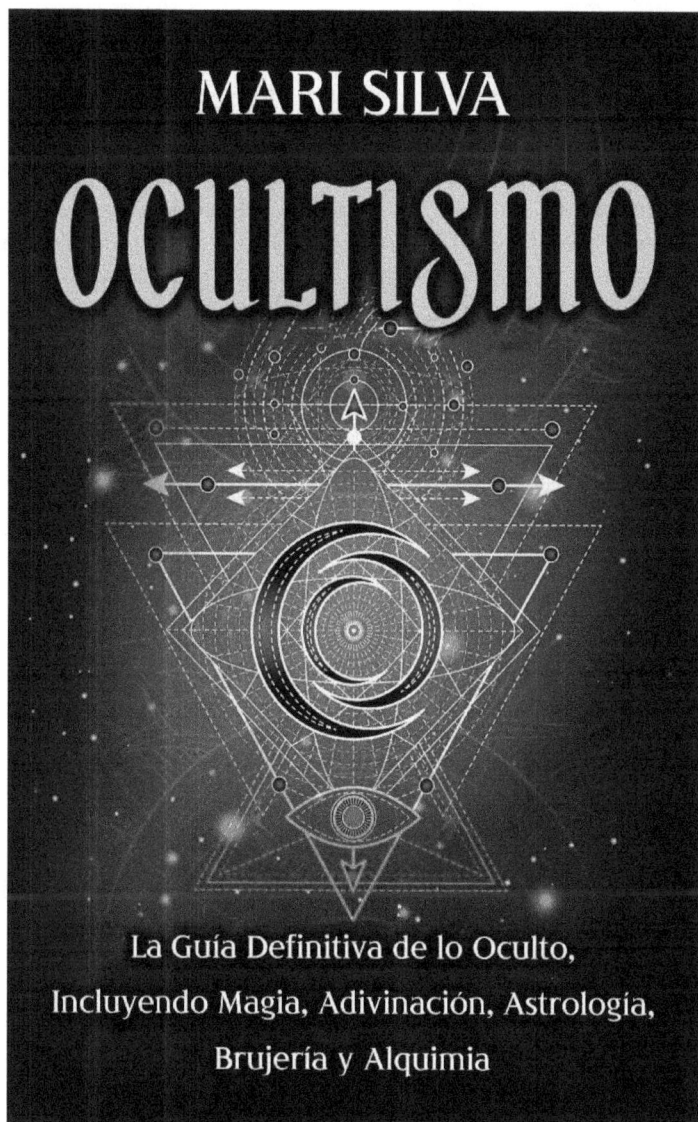

MARI SILVA

OCULTISMO

La Guía Definitiva de lo Oculto, Incluyendo Magia, Adivinación, Astrología, Brujería y Alquimia

Su regalo gratuito

¡Gracias por descargar este libro! Si desea aprender más acerca de varios temas de espiritualidad, entonces únase a la comunidad de Mari Silva y obtenga el MP3 de meditación guiada para despertar su tercer ojo. Este MP3 de meditación guiada está diseñado para abrir y fortalecer el tercer ojo para que pueda experimentar un estado superior de conciencia.

https://livetolearn.lpages.co/mari-silva-third-eye-meditation-mp3-spanish/

Referencias

¿Es una HSP un empático? ¿Cuál es la diferencia? (n.d.). Empathdiary.Com

https://www.empathdiary.com/messages/are-you-an-empath

Bradberry, M. (2021, 7 de octubre). 7 problemas comunes a los que se puede enfrentar como persona altamente sensible (y qué hacer con ellos) - living better lives counseling LLC living better lives. Living Better Lives Counseling LLC. https://www.livingbetterlivesnwa.com/blog/2021/10/5/5-common-problems-you-might-be-facing-as-a-highly-sensitive-person-and-what-to-do-about-them

Collins, M. (2020, 7 de octubre). Los 7 principales retos de las personas altamente sensibles, según un terapeuta. Refugio para personas altamente sensibles. https://highlysensitiverefuge.com/top-7-challenges-of-highly-sensitive-people-according-to-a-therapist

Funniest Empath Quiz & More. (n.d.). Empathdiary.Com. https://www.empathdiary.com/quiz

Gestión de personas altamente sensibles. (s.f.). Mindtools.Com. https://www.mindtools.com/pages/article/managing-highly-sensitive-people.htm

Migala, J. (2021, 11 de noviembre). Si es una persona altamente sensible, experimenta el mundo de forma diferente; esto es lo que significa. Health.Com. https://www.health.com/condition/mental-health-conditions/highly-sensitive-person-empath

Parpworth-Reynolds, C. (2020, 13 de mayo). 10 empáticos famosos - algunos de ellos pueden sorprenderle. Subconscious Servant. https://subconsciousservant.com/famous-empaths

QuizExpo. (2021a, 15 de febrero). Test de empatía. Un test 100% preciso que revela si es un empático. Quiz Expo. https://www.quizexpo.com/am-i-an-empath-test

QuizExpo. (2021b, 16 de septiembre). Test de la persona altamente sensible. Test 100% preciso. Quiz Expo. https://www.quizexpo.com/highly-sensitive-person-test

Sólo, A. (2020, 17 de junio). La diferencia entre introvertidos, empáticos y personas altamente sensibles. Refugio de los altamente sensibles. https://highlysensitiverefuge.com/empaths-highly-sensitive-people-introverts

¿Qué tipo de detalles suelen llamar su atención? (2021, 11 de septiembre). Quiz Expo. https://www.quizexpo.com/wpqquestionpnt/what-type-of-details-usually-caught-your-attention

¿Pueden ayudarme los ejercicios de atención plena? (2020, 15 de septiembre). Clínica Mayo. https://www.mayoclinic.org/healthy-lifestyle/consumer-health/in-depth/mindfulness-exercises/art-20046356

Scott, E. (s.f.-a). Cómo las personas altamente sensibles pueden reducir el estrés en sus vidas. Verywell Mind https://www.verywellmind.com/ways-to-cope-with-stress-when-highly-sensitive-4126398

Daniels, E. (2021, 16 de septiembre). Por qué tanta gente se pregunta: «¿son psíquicas las personas altamente sensibles?». Dra. Elayne Daniels. https://www.drelaynedaniels.com/why-so-many-people-wonder-are-highly-sensitive-people-psychic

Holland, K. (2022, 5 de enero). ¿Qué es un aura? 16 preguntas frecuentes sobre la visión de las auras, los colores, las capas y más. Healthline. https://www.healthline.com/health/what-is-an-aura

Jon Canas, P. (2021, 6 de septiembre). Las siete capas del aura y su relación con los siete chakras -. PHYTO5 Swiss Quantum Energetic Skincare. https://www.phyto5.us/blog-1/the-seven-layers-of-the-aura-and-how-they-relate-to-the-seven-chakras8/31/2021

Lee, P. de A. (2022, 7 de abril). Hablemos de energía: Entendiendo el mundo de las Auras. Beyogi. https://beyogi.com/inside-the-world-of-auras

Lui, H. C. (2016, 27 de junio). Conozca su Aura y los siete chakras. Parche. https://patch.com/massachusetts/medfield/know-your-aura-seven-chakras

Qué son los campos áuricos y los chakras (2016, 15 de noviembre). Suzanne Worthley. https://sworthley.com/energy-healing/auric-fields-chakras

4 beneficios de las relaciones saludables. (2019, 3 de agosto). Acenda. https://acendahealth.org/4-benefits-of-healthy-relationships

5 razones por las que los estudios dicen que hay que elegir bien a los amigos. (s.f.). Psychology Today. https://www.psychologytoday.com/us/blog/what-mentally-strong-people-dont-do/201504/5-reasons-studies-say-you-have-choose-your-friends

Brennan, T. (2021, 22 de julio). Afirmaciones en las relaciones. Vertellis. https://vertellis.com/blogs/all/affirmations-in-relationships

Groth, A. (2012, 24 de julio). Es la media de las cinco personas con las que pasa más tiempo. Insider. https://www.businessinsider.com/jim-rohn-youre-the-average-of-the-five-people-you-spend-the-most-time-with-2012-7

Meyerowitz, A. (2019, 1 de agosto). Gente tóxica: 7 señales de advertencia de que una persona es tóxica. Red Online. https://www.redonline.co.uk/health-self/self/a28577908/signs-a-person-is-toxic

Pangilinan, J. (2021, 25 de febrero). 35 afirmaciones de relación para hacer crecer su amor juntos. Happier Human. https://www.happierhuman.com/relationship-affirmations

Raypole, C. (2019, 21 de noviembre). Cómo lidiar con las personas tóxicas: 17 consejos. Healthline. https://www.healthline.com/health/how-to-deal-with-toxic-people

Sharie Stines, P. D. (2020, 26 de marzo). Cómo protegerse de la energía negativa de los demás. Psych Central. https://psychcentral.com/pro/recovery-expert/2020/03/how-to-protect-yourself-from-others-negative-energy

Desy, P. L. (s.f.). Vampiros psíquicos: ¿Quiénes son y cómo evitarlos? Aprenda las religiones https://www.learnreligions.com/how-a-psychic-vampire-attack-happens-1724677

Jeffrey, S. (2019, 3 de enero). La guía definitiva de los vampiros energéticos [todo lo que necesita saber]. Scott Jeffrey. https://scottjeffrey.com/emotional-energy-vampires

Melody. (2022, 10 de febrero). 3 tipos de vampiros energéticos y cómo tratarlos. Melody Wilding. https://melodywilding.com/3-types-of-energy-vampires-and-how-to-deal-with-them

15 sencillas ideas de autocuidado para su rutina matutina. (2018, 16 de agosto). Real Food Whole Life. https://realfoodwholelife.com/selfcare/simplified-self-care-for-your-morning-routine

Andersen, N. (2018, 23 de julio). 20 ideas de autocuidado para personas altamente sensibles. Refugio para personas altamente sensibles. https://highlysensitiverefuge.com/self-care-ideas-for-highly-sensitive-people

April Snow, L. (2017, 3 de octubre). Cómo establecer límites como una HSP-. Psicoterapia de corazón expansivo. https://www.expansiveheart.com/blog/how-to-set-boundaries-as-an-hsp

April Snow, L. (2019, 27 de marzo). Por qué las personas altamente sensibles necesitan un autocuidado significativo -. Psicoterapia de corazón expansivo. https://www.expansiveheart.com/blog/highly-sensitive-self-care

Bjelland, J. (2021, 13 de julio). Cómo establecer límites saludables como una HSP y mejorar sus relaciones. Julie Bjelland. https://www.juliebjelland.com/hsp-blog/healthy-boundaries-and-saying-no

Elizabeth Earnshaw, L. (2019, 20 de julio). 6 tipos de límites que merece tener (y cómo mantenerlos). Mindbodygreen. https://www.mindbodygreen.com/articles/six-types-of-boundaries-and-what-healthy-boundaries-look-like-for-each

Cómo poner límites cuando es una persona altamente sensible. (2020, 22 de diciembre). Thought Catalog. https://thoughtcatalog.com/vanessa-dewsbury/2020/12/how-to-set-boundaries-when-youre-a-highly-sensitive-person

Cómo usar la meditación para aumentar su energía (según un profesor de meditación). (2021, 18 de mayo). FitOn - #1 Free Fitness App, deje de pagar por los entrenamientos en casa. https://fitonapp.com/wellness/meditation-for-energy

Lawler, M., & Laube, J. (n.d.-a). Cómo empezar una rutina de autocuidado que seguirá. EverydayHealth.Com. https://www.everydayhealth.com/self-care/start-a-self-care-routine

Mackenzie-Smith, K. (2022, 29 de enero). Cómo establecer realmente mejores límites - como una HSP. Refugio para personas altamente sensibles. https://highlysensitiverefuge.com/how-to-actually-set-better-boundaries-as-an-hsp

ruikangma. (2021, 1 de julio). Establecer límites: Límites saludables y sostenibles. International Coach Academy. https://coachcampus.com/coach-portfolios/research-papers/setting-boundaries

Scott, E. (s.f.). Cómo un autocuidado adecuado puede reducir sus niveles de estrés. Verywell Mind.

https://www.verywellmind.com/importance-of-self-care-for-health-stress-management-3144704

Autocuidado para empáticos: 6 estrategias de protección de la energía. (2020, 31 de mayo). Mente femenina desatada. https://femalemindunleashed.com/self-care-empaths

Prácticas de autocuidado que he descubierto como persona altamente densible. (n.d.). Bienestar

Minneapolis. https://www.wellnessminneapolis.com/articles/self-care-practices-i-have-discovered-as-a-highly-sensitive-person

Establecer límites: El sí es tan importante como el no. (n.d.). Routledge.Com. https://www.routledge.com/blog/article/setting-boundaries-the-yes-is-as-important-as-the-no

(Sin fecha).

Newharbinger.Com. https://www.newharbinger.com/blog/spirituality/boundaries-a-guide-for-empaths-and-sensitives

5 beneficios clave de establecer intenciones. (n.d.). Silk + Sonder. https://www.silkandsonder.com/blogs/news/5-key-benefits-of-setting-intentions

Bailey, K. (2018, 31 de julio). 5 poderosos beneficios para la salud de llevar un diario.

Intermountainhealthcare.Org. https://intermountainhealthcare.org/blogs/topics/live-well/2018/07/5-powerful-health-benefits-of-journaling

¿Funcionan las afirmaciones? Sí, pero hay una trampa. (2020, 1 de septiembre). Healthline. https://www.healthline.com/health/mental-health/do-affirmations-work

Dogra, T. (2021, 5 de febrero). ¿Qué es la meditación de los chakras? He aquí una guía de sus beneficios físicos y emocionales. OnlyMyHealth. https://www.onlymyhealth.com/chakra-meditation-guide-to-physical-emotional-health-benefits-1612504299

Dunn, S. T., Sinrich, J., Nelson, C., Clean Eating, & Smith, M. D. (2015, 19 de junio). 10 razones para comer limpio. Clean Eating. https://www.cleaneatingmag.com/clean-diet/10-reasons-to-eat-clean

Erin Heger, S. C. (2020, 16 de diciembre). 7 beneficios respaldados por la ciencia de beber agua - y la cantidad de agua que debe beber cada día. Insider. https://www.insider.com/benefits-of-drinking-water

Alimentos que absorben la energía negativa y la forma correcta de usarlos. (2020, 30 de julio). Times of India.

https://timesofindia.indiatimes.com/life-style/food-news/foods-that-absorb-negative-energy-and-the-right-way-to-use-them/photostory/77244737.cms?picid=77245049

Girdwain, A. (2020, 26 de abril). 5 beneficios de la salvia, según un herbolario. Well+Good. https://www.wellandgood.com/sage-benefits

Golden, J. (2020, 29 de enero). 7 sencillas herramientas para limpiar la energía negativa de su espacio. Mindbodygreen. https://www.mindbodygreen.com/0-17791/7-simple-tools-to-clear-negative-energy-from-your-space.html

Cómo la limpieza puede afectar a su salud mental. (2020, 18 de mayo). The Cleaning Collective. https://www.thecleaningcollective.co.uk/news/cleaning-tips/how-cleanliness-can-affect-your-mental-health

INTEGRIS Health. (n.d.). Haga que salir al exterior forme parte de su rutina diaria. Integrisok.Com. https://integrisok.com/employee-wellness/resilience/make-getting-outside-part-of-your-daily-routine

Moncel, B. (s.f.). Salvia: Un sabor terroso que se añade a una gran cantidad de platos. The Spruce Eats. https://www.thespruceeats.com/what-is-sage-1328645

Rekstis, E. (2022, 21 de enero). Todo lo que necesita saber sobre los cristales curativos y sus beneficios. Healthline. https://www.healthline.com/health/mental-health/guide-to-healing-crystals

Saviuc, L. D. (2021, 15 de mayo). Escudo y protegerse de las energías negativas: Meditación guiada. Purpose Fairy. https://www.purposefairy.com/76337/shield-yourself-negative-energies

Los 10 principales beneficios de la respiración. (2020, 24 de febrero). Frequencymind.Com. https://www.frequencymind.com/blog/top-10-benefits-of-breathwork

Ver todas las entradas de The Vibe With Ky. (2020, June 13). 3 beneficios de hablar por usted mismo. The Vibe With Ky. https://thevibewithky.com/2020/06/13/3-benefits-to-speaking-up-for-yourself

30 afirmaciones sanadoras para ayudarle a conseguir la paz interior. (2018, 29 de mayo). ThinkUp App. https://thinkup.me/healing-affirmations

Nicholls, K. (2019, 10 de mayo). 6 consejos para ayudar a proteger su energía empática. Happiful Magazine. https://happiful.com/6-tips-to-help-protect-your-empath-energy

O'Connor, S., Indries, M., Varshney, P., Schettler, R. M., Hunter, F., &

Husler, A. (2017, 15 de diciembre). 16 poses de yoga para mantenerse conectado a tierra y presente. Yoga Journal.
https://www.yogajournal.com/practice/yoga-sequences/16-yoga-poses-to-keep-you-grounded-present

Pizer, A. (n.d.). ¿Cómo se hace Tadasana, la postura de la montaña del yoga? Verywell Fit. https://www.verywellfit.com/mountain-pose-tadasana-3567127

La técnica de conexión a tierra 54321 para la ansiedad. (2020, 29 de junio). Blog de Insight Timer.
https://insighttimer.com/blog/54321-grounding-technique

Borchard, T. J. (2010, 28 de marzo). 5 Gifts of Being Highly Sensitive. Psych Central. https://psychcentral.com/blog/5-gifts-of-being-highly-sensitive

lauraschwalm. (n.d.). Los Dones Espirituales de la Empatía y la Sensibilidad (HSP). Pure Energy Healer
https://pureenergyhealer.com/2013/10/17/the-spiritual-gift-of-empathy-and-sensitivity-hsp

Gaster, K. (2021, 16 de julio). 6 pasos para canalizar su sensibilidad como un poder. Refugio para personas altamente sensibles.
https://highlysensitiverefuge.com/6-steps-to-channeling-your-sensitivity-as-a-power

Las diferencias entre las personas altamente sensibles y los empáticos. (n.d.). Psychology Today. https://www.psychologytoday.com/intl/blog/the-empaths-survival-guide/201706/the-differences-between-highly-sensitive-people-and-empaths

Granneman, J. (2014, 18 de octubre). 14 ventajas de ser altamente sensible. IntrovertDear.Com. https://introvertdear.com/news/highly-sensitive-person-advantages

Campbell, L. (s.f.). ¿Qué es un empático y cómo saber si lo es? Verywell Mind https://www.verywellmind.com/what-is-an-empath-and-how-do-you-know-if-you-are-one-5119883

Scott, E. (s.f.). ¿Qué es una persona altamente sensible (HSP)? Verywell Mind.
https://www.verywellmind.com/highly-sensitive-persons-traits-that-create-more-stress-4126393

STC. (2021, 19 de mayo). Vivir la vida como una persona altamente sensible (HSP). Straight Talk Clinic.
https://www.straighttalkcounseling.org/post/living-life-as-a-highly-sensitive-person-hsp

9 781638 181958